ZHIYE JIAOYU
HANGKONG ZHUANYE GUIHUA JIAOCAI

职业教育航空专业规划教材

航空货运及物流

职业教育航空专业教材编委会 编

主　　编：魏全斌　刘　桦　刘　忠
执行主编：张　力
副 主 编：蒋有明　文成忠　刘　洋
编　　写：张　力　文成忠　刘　洋　曾　蓉
　　　　　万　曦

四川教育出版社
·成都·

图书在版编目（CIP）数据

航空货运及物流/刘桦等编. —成都：四川教育出版
社，2012（重印）
职业教育航空专业规划教材
ISBN 978-7-5408-4956-6

Ⅰ.航… Ⅱ.刘… Ⅲ.①航空运输：货物运输–职业
教育–材材②航空运输：货物运输–物流–物资管理–职
业教育–教材 Ⅳ.F560.84

中国版本图书馆 CIP 数据核字（2008）第 113876 号

策　划	侯跃辉
责任编辑	林　立　周　舟
封面设计	何一兵
版式设计	顾求实
责任校对	伍登富
责任印制	吴晓光　杨　军
出版发行	四川教育出版社

地　　址　成都市槐树街2号
邮政编码　610031
网　　址　www.chuanjiaoshe.com

印　刷	四川福润印务有限责任公司
制　作	四川胜翔数码印务设计有限公司
版　次	2008 年 8 月第 1 版
印　次	2012 年 7 月第 2 次印刷
成品规格	184mm×250mm
印　张	10.25
定　价	26.00元

如发现印装质量问题，请与本社调换。电话：（028）86259359
营销电话：（028）86259477　邮购电话：（028）86259694
编辑部电话：（028）86259381

编委会

前言

    "十五"期间，我国的国民经济保持了持续快速的增长，伴随产业的重组，我国民航业进入了第二个高速发展期，逐步呈现出迅猛发展的趋势。根据中国民航总局的规划，"十一五"期间我国民航机队规模将大幅度的增大。许多国外航空公司开辟了中国航线，对中国航空服务人才的需求也在不断增加。这些因素都使民航专业人才的需求呈现上升趋势。中国民航迎来了前所未有的发展和机遇，但同时，中国民航业也面临着市场经济的严峻挑战和激烈竞争。在硬件技术差距越来越小的航空市场，市场的竞争也不再是单一的价格与技术的竞争，服务的竞争逐渐成为竞争的主要内容。航空服务成为决定航空企业服务质量与经济效益的一个极其重要的因素。只有拥有最完美服务的企业才是客户值得永远用行动和货币去支持的企业。只有让航空乘客满意，航空企业才能获得良好的发展。

    民航业的快速、多样化发展，对航空服务人才的大量需求，使民航业人才培养的模式也从原来单一依靠民航系统院校培养，发展成为多层次的职业学校的培养模式。

    为了贯彻"以就业为导向、以服务为宗旨"的职业教育办学方针，适应职业院校人才培养和素质教育的需要，同时适应中等职业学校课程设置要求，我们组织了一批在职业教育战线多年从事教学、研究工作的教师和行业的技术骨干编写了这套面向中等职业学校航空服务专业的教材。

    我们编写的《航空货运及物流》教材，是以航空运输为主要形式，并借助现代信息技术，将产品从运输、仓储、装卸、加工、整理、配送等方面有机结合，形成完整的供应链，为用户提供便捷化、一体化服务。

    教材在在编写的过程中，尽量避开了复杂而深奥的理论探讨，而是将这些理论运用于航空货运业务之中，简单而明了地理解航空货运物流的精髓。

    该教材的第一章由曾蓉编写，第二章、第六章由万曦编写，第五章由文成忠编写，第三章、第四章由刘洋编写。

    全书在编写过程中，得到相关行业专家的指正，得到四川西南航空专修学院，成都航空旅游职业学校，成都礼仪职业中学，成都华夏旅游商务学校，成都经济技术学校，成都华盛航空港职业学校的大力支持和指导，在此，谨向给予本书支持帮助的专家、同仁，致以衷心的感谢。在编写中我们参考了大量的相关书籍、论文和国内外物流网站资料，并引用其中的概念和论点，在此对所引用书籍、论文和网站资料的作者表示衷心的感谢。由于编写时间仓促，我们在参考引用某些文献时未能征得原作者的同意，原作者见书后，请与我们联系，以便我们寄奉稿酬或样书，并在重版时对书稿相关事项予以弥补。本书若有不足之处，恳请专业人士与读者批评指正。

编者

2008 年 6 月

目 录

第一章　物流基础知识

教学目的　1. 了解物流产生的历史背景和发展阶段；
2. 理解物流概念，初步掌握物流的分类和基本功能；
3. 明确物流的作用和地位，了解电子商务环境下物流的现状和发展趋势；
4. 了解物流系统的基本概念特征，以及物流系统分析的基本要素与程序。

案例导入

> 武汉的陈先生、广州的朱女士分别在全国最大的网上书店"当当网"购买了书籍和音像制品。他们采用了不同的付款方式，"当当网"根据顾客的不同要求，也分别采用了不同的送货方式（如邮寄发货，货到付款或邮局配送）。

想一想

> 陈先生、朱女士能否及时拿到在"当当网"所购书籍和音像制品，关键在于送货的方式和速度。这就是"物流"在人们的现代生活中所起的作用。

因此，有专家预言，在 21 世纪，谁掌握了物流及配送，谁就掌握了市场。我国的高速公路和各种交通基础设施建设已经有了长足的发展，电子信用系统也从无到有地发展起来。可是能不能做到四天之内在全国的任何一个地方交货？如果物流配送系统不发达，那么网络高速公路传递的信息就只能停留在网上，电子商务的巨大威力就难以充分发挥出来。因此，物流是电子商务的基石。

第一节　物流概述

一、物流的产生与发展

（一）物流的产生

1. 物流的起源

物流最早是在美国形成的，当初被称为"physical—distribution"（即 PD），译成汉语是"实物分配"或"货物配送"。我国是在 20 世纪 80 年代才引入"物流"这个概念的。此时的物流已被称为"logistics——后勤学"，而不是过去"PD——货物配送"的概念了。

物流 1963 年被引入日本，当时理解为"在生产和消费间对物资履行保管、运输、装卸、包装、加工等功能，它在物资销售中起了桥梁的作用"。

2. 物流的形成

从人类社会开始有产品的交换行为时就存在物流活动，但是系统性地研究物流活动是从第二次世界大战末期美国军方后勤部门的科学研究开始的。即"logistics——后勤学"一词的使用，它的含义是军事用语"兵站"，是指供给各种军需品的前方机关，它的业务包括军需品的订货、生产、储存、供应、通信等。

小知识

第二次世界大战中前方战线变动很快，如何组织军需品的供给，各级供应基地如何合理确定库存量，由后方向各级供应基地运输的路线和运输工具（飞机、轮船）如何合理使用，这些都成为综合的研究课题。军需品供应不足将影响战争的顺利进行，而军需品的过量储存又将造成浪费。为了合理解决上述问题，美国军事部门运用运筹学与当时刚刚问世的电子计算机技术进行科学规划，较好地解决了这一问题。这就是物流研究的萌芽阶段。

在 20 世纪 50 年代，人们对各种物流活动的规律进行认真的研究，试图找出降低流通费用的途径。而流通费用是在运输、保管、装卸、加工等物流活动中产生的，这些物流活动具有共同的本质，相互之间存在着联系和制约的关系，属于同一个物流大系统。以此为中心开展的研究，使原来在社会经济活动中处于潜隐状态的物流系统显现出来，形成了现代物流科学，并日臻发展和完善。

（二）我国物流的发展阶段

我国关于物流及物流管理思想形成的历史不是很长，一些先驱学者在对国外物流管理理论研究的基础上，逐步建立了中国特色的物流管理体制理论体系。从 1949 年新中国成立以来，中国物流的发展大体可以分为四个阶段。

1. 初期发展阶段（1949—1965 年）

这个阶段，我国国民经济尚处在恢复性发展时期，工农业生产水平较低，经济基础较薄弱，并且存在重生产、轻流通的倾向。没有真正的物流，只是在一些生产和流通部门开始建立数量不多的储运公司和功能单一的仓库。运输业无论是铁路、公路、水路、航空运输等，都处在恢复和初步发展时期，搬运和仓储环节比较落后。

在这一时期，随着生产的发展，我国初步建立了物资流通网络系统，采取了一些诸如定点供应、试行按经济区域统一组织市场供应等措施。

2. 停滞阶段（1966—1977 年）

1966 年开始的持续十年的"文革"动乱，给我国经济、政治及其他方面造成了严重危害，物流的发展也遇到了困境。在此期间，流通渠道单一化，从整体上看物流基础设施基本上没有发展，甚至连原来的一些设施也遭到了不同程度的破坏。这期间虽然也开展了一些项目建设，但物流理论的研究和物流实践基本处于停顿状态。

3. 较快发展阶段（1978—1990 年）

在此期间我国实行了改革开放政策，经济得到了较快发展，并推动了物流业的发展，人们对物流业重要性的认识也不断提高。新建了大量铁路、公路、港口、仓库、机场等，不仅增加了物流设施，而且提高了物流技术装备水平；同时开展了水泥、粮食的散装运输、集装箱运输，开始建设立体自动仓库。尤其是有关物流研究学术团体在此期间相继成立，积极有效地组织开展国内、国际物流学术交流活动，了解和学习国外先进的物流管理经验。物流学作为一门独立的学科正式确立，一些物流学的专著和译著也相继出版发行。中国物资流通学会于 1989 年 5 月在北京成功地承办了第八届国际物流会议，对我国的物流发展起了促进作用。物流学研究开始被人们所重视，人们开始以系统论的观点对运输、保管、包装、装卸、信息等的作用进行研究，在认识上前进了一大步。

4. 高速发展阶段（1991 年以后）

这个阶段国家为高速发展物流业而采取了一系列重要措施。在"八五"计划中明确地把发展第三产业，特别是物流业作为重点，在此期间动工兴建的 10 项特大型工程中，物流业就占到了 5 项，而且全部是运输方面的。

同时，我国也加快了物流系统的建设，向标准化和国际化方向发展。许多经济发达地区相继花大力气建立现代化的物流中心，这一切都表明我国物流业正稳步地走向快速发展的阶段。

小资料

上海把物流产业作为到 2010 年的五年规划中着重发展的四大产业之一，并拟投资 25 亿元建设浦东现代化物流中心；深圳将物流业与其较发达的高新技术产业和金融服务业一起，确定为新世纪的支柱产业，并力争与香港一起发展成为世界一流的物流中心；天津力争 5~10 年内使现代物流业成为全市的支柱产业；武汉也加快建设步伐，要把武汉建设成为华中地区的物流中心。

二、物流的基本概念、分类

（一）物流的基本概念

1. 物流的概念

在现代生活中，物流大多数是指物资从生产领域到消费领域的运动。近些年，随着物流的发展，它的概念无论是内涵还是外延也都得到了较大的发展。

物流概念经过了三个历史阶段的演变，即产品物流阶段、综合物流阶段、供应链管理阶段。而且在不同时期、不同国家对物流概念有着不同的阐释。

2. 物流概念的要点

不同国家和地区对物流概念的阐述虽然不十分一致，但实质是相同的，在学习和应用时应该把握以下要点。

（1）物流学的研究对象是贯穿流通领域和生产领域的一切物料流以及有关的信息流，研究目的是对其进行科学规划、管理与控制。

（2）物流的作用是将物资由供给主体向需求主体转移（包括物资的废弃与还原），创造时间价值和空间价值。

（3）物流的活动包括运输、保管、装卸、搬运、包装、流通、加工以及有关的信息活动等。

（二）物流的分类

按照物流的作用、活动的空间范围和系统性质等标准，将物流的类型作以下分类。

1. 按物流的作用分类

按物流的作用分类，见图 1-1。

图 1-1　按物流的作用分类

（1）供应物流：生产企业、流通企业或消费者购入原材料、零部件或商品的物流过程称为供应物流。即物资生产者、持有者至使用者之间的物流。对于生产企业而言，是指生产活动所需要的原材料、物料备件等物资的采购、供应活动所产生的物流；对于流通企业而言，是指交易活动中，从买方角度出发的交易行为中所发生的物流。

企业的流动资金大部分是被购入的物资材料及半成品等所占用的，因此，供应物流的严格管理及合理化对于企业的成本有较大影响。

（2）生产物流：从生产企业的原材料购进入库起，直到成品发送为止，这一全过程的物流活动称为生产物流。生产物流是制造产品的生产企业特有的，它和生产流程同步。原材料、半成品等按照工艺流程在各个加工点之间不停地移动、流转，形成了生产物流。如生产物流中断，生产过程也将随之停顿。

生产物流合理化对生产企业的生产秩序、生产成本有很大的影响。生产物流均衡稳定，可以保证在制品的顺畅流转，缩短生产周期。在制品库存的压缩，设备负荷均衡化，也都和生产物流的管理和控制有关。

（3）销售物流：生产企业、流通企业售出产品或商品的物流过程称为销售物流，是指从物资的生产者或持有者到用户或消费者之间的物流。对于生产企业而言，是指售出产品过程中的物流，而对于流通企业而言，是指交易活动中，从卖方角度出发的交易行为中的物流。

通过销售物流，企业得以回收资金，并进行再生产的活动。销售物流的效果关系到企业的存在价值是否被社会承认。销售物流的成本在产品及商品的最终价格中占有一定的比例。

（4）回收物流：在生产及流通活动中有一些资料是要回收并加以利用的，如作为包装容器的纸箱、塑料筐、瓶、罐、桶等，建筑行业的脚手架也属于这一类物资。还有可用杂物的回收分类和再加工，例如旧报纸、书籍通过回收、分类可以再制造成纸浆加以利用，特别是金属的废弃物，由于金属具有良好的再生性，可以回收并重新熔炼成有用的原材料。

回收物资品种繁多，流通渠道也不规范，因此，管理和控制的难度大。

（5）废弃物流：对生产和流通系统中所产生的无用废弃物的处理过程称为废弃物流。如开采矿山时产生土石、炼钢生产中的钢渣、工业废水以及其他一些无机垃圾等，如果不妥善处理，会占用生产用地以致妨碍生产，甚至造成环境污染。

废弃物流没有经济效益，但是具有不可忽视的社会效益。为了减少资金消耗，提高效率，更好地保障生活和生产的正常秩序，对废弃物资综合利用的研究很有必要。

2. 按物流活动的空间范围分类

按物流活动的空间范围分类，见图 1-2。

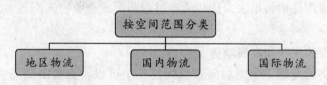

图 1-2 按物流的活动空间范围分类

（1）地区物流：是特定范围内的物流活动，它有不同的划分标准。按行政区域划分，如西南地区、东北地区等；按经济圈划分，如苏锡常经济区、深圳经济特区；按地理位置划分，如长江三角洲地区、珠江三角洲地区等。

地区物流系统对于提高该地区物流活动的效率，以及保障当地居民的生活福利环境，具有不可缺少的作用。研究地区物流应根据地区的特点，从本地区的利益出发组织好物流活动。

（2）国内物流：是在同一个国家内部不同地区之间进行经济活动时产生的物流活动。

（3）国际物流：是不同国家之间进行经济活动时产生的物流活动。当前世界的发展趋势是国家与国家之间经济的交流越来越频繁，工业生产也走向国际化，出现了许多跨国公司，一个企业的经济活动范围可以遍布各大洲。国际、洲际的原材料与产品流通越来越发达，因此，国际物流的研究已成为物流研究的一个重要分支。国际物流是现代物流系统中发展最快、规模较大的一个物流领域，它伴随和支撑着国际经济的交往和贸易活动。

3. 按物流系统性质分类

按物流系统性质分类，见图 1-3。

（1）社会物流：社会物流一般指流通领域所发生的物流，是全社会物流的整体，所以称之为大物流或宏观物流。社会物流的一个标志是：它是伴随商业活动（贸易）发生的，而物流过程和所有权的更迭是相关的。

（2）行业物流：同一行业中的企业是市场上的竞争对手，但是在物流领域中常常互相协作，共同促进行业物流系统的合理化。

图 1-3　按物流的系统性质分类

小资料

> 　　日本的建筑机械行业提出物流系统化的具体内容有：各种运输手段的有效利用；建设共同的零部件仓库，实行共同集中配送；建立新旧设备及零部件的共同流通中心；建立技术中心，共同培训操作人员和维修人员等。这就是典型的行业物流。

　　（3）企业物流：在企业经营范围内由生产或服务活动所形成的物流系统称为企业物流。企业是为社会提供产品或某些服务的一个经济实体。工厂购进原材料，经过若干工序的加工，再形成产品销售出去，这些活动过程即形成企业物流。

三、我国物流的现状和发展趋势

　　随着市场经济的发展，中国如何较快构建一个可以将必要的商品，按必要的数量，以必要性的方式，在必要的时间内，供应到必要的地点的高效率的物流体系，是国民经济发展中不可回避的一个重大课题。我国国民经济的现代化离不开流通的现代化，而流通的现代化离不开物流的现代化。

　　（一）传统物流与现代物流的区别

　　传统物流一般指产品出厂后的包装、运输、装卸、仓储，而现代物流提出了物流系统化或总体物流、综合物流管理的概念，并付诸实施。

　　具体地说，现代物流就是在传统物流的基础上向两头延伸并加入新的内涵，使社会物流与企业物流有机地结合在一起；从采购物流开始，经过生产物流，再进入销售物流；与此同时，要经过包装、运输、仓储、装卸、加工配送到达用户（消费者）手中，最后还有回收物流。可以说，现代物流包含了产品从"生"到"死"的整个物理性的流通过程。传统物流与现代物流的主要区别见表 1-1

表 1-1　传统物流与现代物流的区别

项　目	传统物流	现代物流
服务内容	只提供简单的位移	提供增值服务
主动性	被动服务	主动服务
标准	无统一服务标准	实施标准化服务
重心	点到点或线到线服务	构建全球服务网络
管理方式	实行人工控制	实施信息管理
管理结构	单一环节的管理	整体系统优化

（二）我国电子商务物流的发展现状

根据中国物流信息中心统计测算的数据显示，2004年一季度中国国内社会物流货物总额（经过社会物流服务，最终送达用户的货物价值总量）达82 182亿元人民币（按现价计算），同比增长31.7%，而同期物流投资增长相比相对滞后。

由此看来，中国未来物流业将具有很大的市场需求并呈现良好的发展前景，但它的发展也将面临很大的困难和挑战。

1. 观念的挑战

我国电子商务与现代物流业都还处于不成熟的起步阶段，正面临大变革和大发展。电子商务的优势体现在其高效率的运作上，但通过因特网进行商务交易只实现了商流和信息流，而电子商务的最终完成要依赖于物流。电子商务的难点不在网上，而在网下。这种观念需要融合与沟通，只有电子商务与现代物流彼此促进，才能共同提高。

小资料

1993年我国首次引进电子商务这一概念，第一笔网上交易发生在1998年3月。据统计，1999年我国网上消费额仅有5500万元人民币，而同期，美国网上消费额达202亿美元。

2. 规模的挑战

物流配送成本的降低是以规模的扩大为前提的，规模上去了，单位成本就能降下来。中国目前真正在线交易所产生的货运需求究竟是多少？各网站自己恐怕也没有底。真正的在线交易还没有形成规模，形成不了庞大的货物需求，物流配送网络如何为之服务？相对于电子商务的泡沫，物流企业的审慎态度就不足为奇了。

3. 资源的挑战

经营物流服务业务需要大量的土地和较先进的仓储运输设备才能发挥作业的整合效益。而土地及设备的投资及维护均需要庞大的资金支持，而且投资的回收期往往较长。因此，缺乏政府的政策支持和金融支持，物流业的发展将难以有效推进。

同时，物流企业又有很多车辆空驶、仓库闲置，这就需要物流企业根据电子商务的需求对物流活动进行合理规划，寻找资源、整合资源。

4. 人才的挑战

现代物流业的发展需要专门化人才和先进的信息技术。但由于一直以来物流业就是一个附属行业，物流专业人才的培养根本没有被提上议事日程，整个社会物流人才严重匮乏，物流企业迫切需要掌握现代企业的经营理念、既懂电子商务又懂现代物流管理的复合型人才。

近年来，我国加大了物流教育的投入，以培养不同层次的物流管理、物流工程及物流经济人才。

5. 效益的挑战

从整体和长远来看，物流共同化和专业化，将使经济效益得到提高，但对当前或短期的影响却不一定是正面的。一方面，企业需要淘汰一些不再需要的设备和设施，同时又要增加适应物流共同化所需的新的设施，前者是资源的浪费，后者又需要增加新的投入。另一方面，从物流服务的供给方来看，在物流形成的初始阶段，由于社会需求尚未达到一定规模，必然会导致较高的服务价格，使用户企业难以接受。随着经济增长方式由量的扩张到质的提高的转变以及物流市场需求的不断扩大，物流业已逐步成为一个独立产业并受到各方的广泛关注和重视。据有关方面透露，国家经贸委将会同相关部门提出我国物流产业发展的总体规划和外商投资物流产业的有关政策，选择具备条件的专业物流企业进行试点，推进物流技术的应用与发展，并对试点企业给予一定的政策倾斜。国内各地区纷纷着手建设大型物流基地，争抢物流产业的发展先机。（三）现代物流的未来发展趋势

在当今国际市场上，用户对产品质量、服务提出了更多的要求，随着技术更新的加快及产品生命周期的缩短，市场上相互竞争的产品之间的技术差别变小。企业必须通过价值增值创造差别化优势，而其中用户服务逐渐成为价值增值的主要来源。物流业的发展必须紧紧围绕有效实现用户价值来展开。

1. 现代物流专业化和社会化趋势

现在很多生产企业与零售商把所需的物流业务直接委托给专门的物流企业来经营，也就是外部委托物流业。所谓外部委托物流业，就是货主为了把生产或经销的商品更快、更可靠、成本更低地送到用户手中，把商品的经销活动甚至部分生产活动，委托给专门从事物流业务的企业来承担。物流业的这种专业化、社会化不仅可以节约流通费用，而且可以节约大量的社会流动资金，实现资金流的合理化。当今，发达国家外部委托物流业发展极为迅速，它的专业化、规模化使得全球工业化、服务多元化以及供应链全过程得以实现。

2. 现代物流信息化趋势

从后勤学的概念可以看出，信息化是物流管理的内在要求。信息技术的高速发展为物流业提供了强大的技术支持。电子数据交换与国际互联网的应用，使物流效率的提高更多地依赖于信息管理技术。电子计算机的普及应用提供了更全面的库存信息，提高了信息管理科学化水平，使产品流动更加容易和迅速。物流企业普遍都拥有自己的信息系统，尤其近几年里，信息系统不仅向高技术和专业化方向发展，而且价格低廉，因此，越来越多的物流企业加大投资建设现代化的信息系统的力度。

3. 仓储、运输与综合体系化趋势

物流业离不开运输与仓储。仓储现代化要求高度机械化、自动化、标准化，组织起高效的人、机、物系统。运输现代化要求建立铁路、公路、水路、空运与管理的综合运输体系，这是物流业现代化的必备条件。

综上所述，物流业在降低流通费用及贸易全球化、服务需求多样性的严峻形势下确立了其核心地位，有着广阔的市场前景。

（四）航空物流业的蓬勃发展

国有航空公司一统航空货运市场的日子已经一去不复返。UPS、TNT、FEDEX 等外

国物流巨头纷纷抢滩中国，国内民营资本亦开始涉足航空物流业，中国航空物流业竞争变得空前激烈。

中国航空物流业将如何发展？在 2006 年 5 月 19 日召开的首届中国航空物流论坛上，中国民航总局副局长李军预言未来几年我国航空物流业将由单一货运向运输、仓储、装卸、加工、包装、配送等一体化服务的现代物流转型；通过走联合、兼并、重组、合作之路，国内外航空物流企业将加强联系，市场集中度进一步提高；市场竞争日趋激烈，促进优胜劣汰。

目前，已有近 90 家外国航空公司在国内开展国际货邮运输业务。随着中国加入世界贸易组织和经济的迅速发展，中国的航空货运快速发展，我国航空货运周转量的世界排位从 1978 年的第 35 位上升到 2006 年的第 6 位。航空货运已经成为我国航空运输发展新的增长点，货邮周转量"九五"期间年均增长 17.7%，"十五"以来的 4 年中年均增长 14.3%。2004 年，中国民航全年货邮运输量、货邮周转量分别达到 277 万吨和 71.8 亿吨公里，分别比 2003 年增长 26.3% 和 24%。我国物流业年产值已经达到 390 亿元。

专家预测，未来几年我国物流业仍将保持快速增长态势，发展前景十分广阔。中国巨大的物流市场已经吸引了国际上各个航空货运巨头的目光，外国航空物流企业纷纷进军中国市场。随着中国航权的进一步开放，美、日、韩、欧的大型跨国物流企业也将陆续进入中国市场。

航空货运成为国内资本投资的热点。2004 年民航总局放松了对航空货运发展的经济管制并出台了相应的扶持政策，使得专业货运航空公司和货运代理如雨后春笋般蓬勃发展。除已有的中货航、国货航、扬子江快运外，民航总局近来又相继批准筹建翡翠国际货运航空有限公司和珠海捷晖货运有限公司。2006 年我国新批的一类货运代理公司更是多达 306 家，同比增长了 128 家。

外国航空公司和国内民营航空公司的加入，使航空货运市场的竞争变得异常激烈。管理部门正逐步对航空货运放松管制，降低国内航空货运市场的准入门槛，同时通过一系列的扶持措施，如对国内货运航线、航班管理和购租货机放宽条件，简化审批手续，鼓励发展全货运航空公司。全货运航空公司还可从机场方面得到实惠，民航管理部门将鼓励机场对航空货运收费实施优惠政策。

第二节　物流系统

一、物流系统概述

（一）物流系统概念

物流系统是由运输、存储、包装、装卸、搬运、配送、流通加工、信息处理等基本功能要素构成的各个基本环节所组成的。

值得一提的是，单一的运输或单一的包装不能称为物流，只有基本的功能要素组合在一起才能称之为物流和物流系统。

（二）物流系统的三要素

物流系统由输入、处理、输出三个要素组成。

物流系统的三要素表现在：外部环境向系统的输入经过系统以自身所具有的特定功能，将输入的内容进行必要的转化和处理，使之成为有用的产成品。最后，将经过处理后的内容向外部输出供外部环境使用，从而完成输入、处理、输出的基本功能要素，这是一个全循环过程。

作为物流系统的输入是输送、存储、搬运、装卸、包装、物流情报、流通加工等环节所消耗的劳务、设备、材料等资源，经过处理转化，变成全系统的输出，即物流服务整体优化的目的就是要使输入最少，即物流成本最少，消耗的资源最少，而作为输出的物流服务效果最佳。

（三）物流系统服务性的衡量标准

1. 对用户的订货能很快地进行配送

2. 接受用户订货时商品的在库率高

3. 在运送中交通事故、货物损伤、丢失和发送错误少

4. 保管中变质、丢失、破损现象少

5. 具有能很好地实现运送、保管功能的包装

6. 装卸搬运功能满足运送和保管的要求

7. 能提供保障物流活动流畅进行的物流信息系统，能够及时反馈信息

8. 合理的流通加工，以保证生产费、物流费之和最少

（四）物流系统的基本功能

前面已经从物流的角度介绍了物流的功能要素，这里是从系统的角度进一步阐述物流系统的基本功能。

1. 运输

即运用运输工具（铁路、公路、水运、航空和管道等）将货物按客户要求运送到指定地点。再往下细分，运输又可以分为运输与配送。

运输的主要业务包括：选择集货、运输方式和运输工具，规划路线和行程，调度车辆，组配、送达商品。运输的一般特点表现为干线、中间运输，中长距离，少品种，大批量，少批次，长周期，功能单一。而配送（其运输功能）虽然在业务上与运输有许多相同之处，但其特点几乎与运输特点相悖，表现为支线、前端或末端运输，短距离，多品种，小批量，多批次，短周期，功能综合。

2. 存储

存储又分为仓储管理与库存控制。存储的主要业务包括收货、检验、分拣、保管、拣选、出货，对库存品种、数量、金额、地区、方式、时间等结构的控制等。仓储管理的一般特点主要是对确定的库存进行动态和静态的存储管理。库存控制主要是进行库存

决策，确定存储用什么组合，有多少组合，什么时间组合，在哪里组合等。

3. 装卸

包括装上、卸下和搬运。装上是将流体装入载体，与发送相联系；卸下是将流体从载体中卸出，与到货相联系；而搬运则是将流体从甲地搬往乙地（短距离），与载体的换装或转移相联系。

4. 包装

包括工业包装、销售包装及物流包装。工业包装的主要业务是按照生产和销售需求规格，用不同于产品的材料将产品包装起来，使之成为一个完整的产品，其特点是方便批量生产。销售包装的主要业务是按照市场需求规格，将产品用印有必要产品信息的包装材料将一定数量的商品进行包装，促进销售，主要为了方便使用和销售。物流包装的主要业务是按照物流运作要求，用具有足够强度、印有必要物流信息的包装材料对一定数量的商品进行包装，以及包装加固、打包，以方便物流运作。

5. 配送

配送是在一定的经济合作区域范围内，根据客户要求对物品进行分拣、加工、包装、分割、组配等作业，并按时送达指定地点的物流活动。配送是物流系统中的一种物流的、综合的活动形式，是商品与物流的紧密结合，包含了物流的若干功能要素。从系统角度来说，配送几乎包括了所有物流功能要素，是物流的一个缩影或在较小范围中物流全体活动的体现。配送既是基本的物流系统功能要素，也是能够产生增值的物流功能要素。

6. 流通加工

包括生产型加工、促销型加工和物流型加工。生产型加工主要业务是剪切、预制、装袋、组装、贴标签、洗净、搅拌、喷漆、染色等在流通过程中进行的生产性活动。促销型加工的主要业务有烹调、分级、贴条形码加工、分装、拼装、换装、分割、称量等，使得在销售过程进行的生产活动便于促销。而物流加工的主要业务是预冷、冷冻、冷藏、理货、拆解、贴物流标签、添加防虫腐剂，这些工作有利于物流，达到保护商品目的。

7. 物流信息

包括要素信息、管理信息、运作信息和外部信息。要素信息包括流体、载体、流向、流量、流程五个要素，涉及物流组织内部的各种信息。管理信息包括物流企业或企业物流部门人、财、物等信息，涉及物流组织内部的各种信息。运作信息包括功能、资源、网络、市场、客户、供应商信息等，涉及物流过程与市场的信息。外部信息则包括政策、法律、技术等涉及物流环境的信息。

（五）物流系统的增值服务功能

物流增值服务是在物流基本服务基础上的延伸。其内容主要包括以下几点：

1. 增加便利性服务

包括简化操作程序，简化交易手续，简化消费者付费环节等。

2. 快速的信息传递服务与快速的物流服务

快速反应是物流增值服务的核心，它比一般的运输业或仓储业效率要高，更能吸引客户，使客户在享受服务中得到增值。

3. 降低成本服务

这里所说的物流是第三利润源，其实质就是在为客户降低成本的同时也为物流企业降低生产成本，实现企业与客户的双赢。

4. 延伸服务

通过物流供应链及完善的信息系统，其增值服务还可以对其上游和下游进行延伸。

（六）物流系统中的相互制约问题

1. 物流服务和物流成本间相互制约

要提高物流系统的服务水平，物流成本往往也要增加，比如采用小批量即时运货制，要增加费用。要提高供货率即低缺货率，必须增加库存即增加保管费。这种相互制约关系见图1-4。

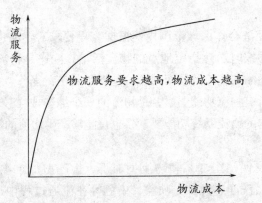

图1-4 物流服务和物流成本间的制约关系

2. 物流服务子系统功能之间的约束关系

这种约束关系表现在，各子系统的功能如果不均衡，物流系统的整体能力将受到影响，如搬运装卸能力很强，但运输力量不足，会产生设备和人力资源的浪费，反之如搬运装卸环节薄弱，车、船到达车站、港口后不能及时卸货，也会带来巨大的经济损失。见图1-5。

3. 物流成本的各个环节费用之间互相联系

如为了降低库存，常采取小批量订货，但因运输次数增加而导致费用上升，零运费和保管费之间也存在制约关系。

4. 各个系统的功能的耗费相互联系

任何子系统功能的增加和完善都必须投入资金。在实际中必须考虑在财力许可的范围内改善物流系统的功能。

（七）物流子系统分析实例——运输系统实现

从物流系统的观点来看，有三个因素对运输来讲是十分重要的，即成本、速度和一致性。

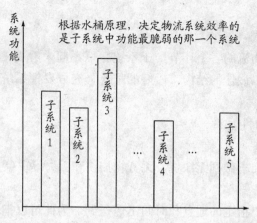

图1-5 物流服务子系统功能之间的约束关系

观点1：成本的降低不以牺牲速度和协调为代价

运输成本是指为两个地理位置间的运输所支付的款项，以及与行政管理和维持运输中的存货有关的费用。物流系统的设计应利用能把系统总成本降到最低程度的运输，这意味着最低费用的运输并不总是导致最低的运输总成本。

观点2：并不是运输单项成本低，物流成本就低，还要考虑运输过程中其他因素，比如仓储和送达服务等因素

运输速度是指完成特定的运输所需的时间，运输速度和成本的关系主要表现在以下两个方面：首先，能够提供更快速服务的运输商实际要收取更高的运费；其次，运输服务越快，运输中的存货越少，无法利用的运输间隔时间就越短。因此，选择期望的运输方式时，需要考虑的一个重要问题就是如何平衡运输服务的速度和成本。

观点3：考虑速度和成本时要注意平衡二者之间的相互制约

运输的一致性是指在若干次装运中履行某一特定的运次所需的时间与原定时间或与前几次运输所需时间的一致性。运输一致性会影响买卖双方承担的存货义务和有关风险。速度和一致性相结合则是创造运输质量的必要条件，这是因为时间的价值是很重要的。

在物流系统的设计中，必须精确地维持运输成本和服务质量之间的平衡。在某些情况下，降低成本和慢运输将是令人满意的。而在另一些情况下，快速服务则是实现作业目标的关键所在。发掘并管理所期望的低成本、高质量的运输，是物流的一项最基本的责任。

观点4：物流运输系统的设计关键是维持运输成本和服务质量之间的平衡

首先，物流设施的选择确立了据以创建运输需求结构的网络结构，同时也限制了可供选择的方案；其次，运输成本涉及的范围比运输更广泛；第三，如果运送服务偶尔发生不一致，那么把运输能力结合进物流系统中去的全部努力就有可能付诸东流。

二、物流系统的模式

物流系统化，即把物流的各个环节（子系统）联系起来看成一个物流大系统，对其进行整体设计和管理，以最佳的结构、最好的配合，充分发挥系统的功能、效率，实现整体物流合理化。

（一）物流系统化的目标

1. 服务性（Service）

在为用户服务方面要求做到无缺货、无货物损伤和丢失等现象，且费用低。

2. 快捷性（Speed）

要求把货物按照用户指定的地点和时间迅速送到。为此可以把物流设施建在供给地区附近，或者利用有效的运输工具和合理的配送计划等手段。

3. 有效地利用面积和空间（Space saving）

应逐步发展立体化设施和有关物流机械，求得空间的有效利用。

4. 适当化（Scale optimization）

应该考虑物流设施集中与分散的问题是否适当，考虑机械化与自动化程度如何合理利用，考虑情报系统的集中化要求的电子计算机等设备的利用等。

5. 库存控制（Stock control）

库存过多则需要更多的保管场所，而且会产生库存资金积压造成浪费。因此，必须按照生产与流通的需求变化对库存进行控制。

上述物流系统化的目标简称为"5S"。要发挥以上物流系统化的效果，就要把从生产到消费过程的货物量作为一贯流动的物流量看待，依靠缩短物流路线，使物流作业合理化、现代化，从而降低其总成本。

（二）物流系统设计的六个基本元素（数据）

在进行物流系统设计中需要以下几方面的基本数据；

所研究商品（Products）的种类、品目等；

商品的数量（Quantity）多少，年度目标的规模、价格；

商品的流向（Route），生产配送中心、消费者等；

服务（Service）水平，速达性、商品质量的保持等；

时间（Time），即不同的季度、月、周、日、时业务量的波动、特点；

物流成本（Cost）。

以上 P、Q、R、S、T、C 称为物流系统设计有关基本数据的六个要素。这些数据是物流系统设计中必须具备的。

三、物流系统分析

（一）物流系统分析的概念

在物流系统中，系统的优劣不是看某一具体环节，而是对整体进行综合评价。对物流系统进行分析就是要找出使整体最优的综合要素。

系统中的各要素相互联系、相互作用，形成众多的功能模块和各级子系统，使整个系统呈现多层次结构，体现出固有的系统特征。对物流系统进行分析，可以了解物流系统各部分的内在联系，把握物流系统行为的内在规律。所以说，不论从系统的外部或内部设计新系统或改造现有系统分析都是非常重要的。

系统分析是从系统的最优出发，在选定系统目标和准则的基础上，分析构成系统的各级子系统的功能与特点，它们间的相互关系，系统与系统、系统与环境，以及它们间的相互影响。运用科学的分析工具和方法，对于系统的目的、功能、环境、费用和效益进行充分的调研、收集、比较、分析和数据处理，并建立若干替代方案和必要的模型，进行系统仿真试验。把试验、分析计算的各种结果同前期制订的计划进行比较和评价，寻求使系统整体效益最佳和有限资源配备最佳的方案，为决策者的最后决策提供科学依据和信息。

系统分析的目的在于通过分析比较各种替代方案的有关技术经济指标，得出决策者形成正确判断所必需的资料和信息，以便获得最优系统方案。系统分析的目的可以用图1-6表示。

第一步 确定系统问题 　第二步 进行系统分析 　第三步 综合系统选优

图1-6　系统分析的目的

（二）物流系统分析的作用

物流系统的建立过程可以分为系统规划、系统设计和系统实施三个阶段。

在系统规划阶段中，主要的任务是定义系统的概念，明确建立系统的必要性，在此基础上明确目的和确定目标。同时，提出系统应具备的环境条件和约束条件。简单地说就是提出问题，确立元素和约束条件。

第二阶段为系统设计阶段。在此阶段中，首先是对系统进行概略设计，然后进行系统分析，在分析的基础上确定系统设计方案即提出模式和解决方案。

第三阶段为系统实施阶段。首先是对系统设计中一些与系统有关的关键项目进行试验，在此基础上进行必要的改进，然后正式投入运行，即实施和改进。

由此可见，系统分析在整体系统建立过程中处于非常重要的地位，它起到承上启下的作用，特别当系统中存在着不确定因素或相互矛盾的因素时更需要通过系统分析来保证。

外部环境因资源有限、需求波动、技术进步及其他各种变化因素的影响，对系统加以约束或影响，成为环境对系统的限制或干扰。此外，输出的成果不一定是理想的，可能偏离预期目标。因此，要将输出结果的信息反馈给输入，以便调整修正系统的活动。

根据以上关系，系统的一般模式可用图1-7表示。

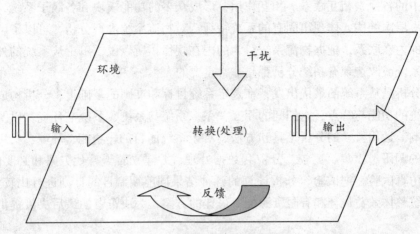

图1-7 物流系统的一般模式

（三）物流系统分析的原则与基本方法

1. 物流系统的分析原则

（1）外部条件与内部条件相结合的原则。注重外部条件与内部条件的相互影响，了解物流活动的内在与外在关联，正确处理好它们之间的转换与相互约束的关系，促使系统向最优化发展。

（2）当前利益与长远利益相结合的原则。所选择的方案，既要考虑目前的利益又要兼顾长远利益。只有方案对当前和将来都有利，才能使系统具有生命力。

（3）子系统与整个系统相结合的原则。物流系统是由多个子系统组成，只有当它们以最大功能组合在一起并且使整个系统最优化才为最好。

（4）定量分析与定性分析相结合的原则。当分析系统中的一些数量指标时，采用定量分析的方法有利于系统量化，便于根据实际确定对策（例如车辆发车的时间间隔，仓库的大小适宜度确定等）。而当分析那些不能用数字量化的指标时（如政策因素、环境污染对人体的影响等），则采用定性分析的方法。这可以减少弯路，节省成本。

2. 物流系统分析的基本内容

（1）系统目标。这是系统分析的首要工作，只有目标明确，才能获得最优的信息，才能建立和提供最优的分析依据。

（2）替代方案。足够的替代方案是系统分析选优的前提。例如一个仓储搬运系统，可以采用辊道、运送机、叉车或机器人搬运，使用时要根据具体情况选择不同的搬运系统。替代方案足够就能有较大的选择余地，使系统更优。

（3）模型，包括数字模型、逻辑模型。可以在建立系统之前预测有关技术参数，系统建立之后帮助分析系统的优化程度、存在问题及改进措施等。

（4）费用与效益。原则是效益大于费用。如果费用大于效益，则要检查系统是否合理。

（5）评价标准。用于确定各种替代方案优先选用的顺序。系统的评价准则要根据系统的具体情况而定，但必须具有明确性、可计量性和适度的灵敏度。

3. 系统分析特点

系统分析是以系统的整体效益为目标，以寻求解决特定问题的最优策略为重点，运用定性和定量分析相结合的方法，为决策者提供价值判断依据，以寻求最有利的决策。

（1）以整体为目标。在一个系统中，处于各个层次的分系统都具有特定的功能及目标，彼此分工协作，才能实现系统的共同目标。比如在物流系统布置设计中，既要考虑需求，又要考虑运输、存储、设备选型等。在选择厂（库）址时，既要考虑造价，又要考虑运输、能源消耗、环境污染、资源供给等因素。因此，如果只研究改善某些局部问题，而其他分系统被忽略或不注意，则系统整体利益将受到不利影响。所以，进行任何系统分析，都必须以发挥系统总体的最大效益为基本出发点，不能只局限于个别局部，那样会顾此失彼。

物流系统分析的着眼点是以整体为目标，只有整体效益提高，才能达到目标。所以，物流分析的中心应放在各个子系统间的关联和相互制约上。

（2）以特定问题为对象。系统分析是一种处理问题的方法，有很强的针对性，其目的在于寻求解决特定问题的最佳策略。物流系统中许多问题都含有不确定因素，而系统分析就是针对这种不确定的情况，研究解决问题的各种方案及其可能产生的结果。不同的系统分析所解决的问题不同，即使对相同的系统所要解决的问题也要进行不同的分析，制订不同的求解方案。所以，系统分析必须以能求得解决特定问题的最佳方案为重点。

（3）运用定量方法。解决问题，不应单凭想象、臆断、经验和直觉。在许多复杂的情况下，需要有精确可靠的数字、资料，并以此作为科学决断的依据。有些情况下利用数字模型有困难，还要借助于结构模型、解析法或计算机模型等进行定量分析。

（4）凭借价值判断。从事系统分析时，必须对某些事物作某种程度的预测，或者用过去发生的事实作对照，以推断未来可能出现的趋势或倾向。由于所提供的资料有许多是不确定的变量，而客观环境又会发生各种变化，因此在进行系统分析时，还要凭借各种价值观念进行综合判断和选优。

4. 物流系统分析的方法

物流系统的分析方式多种多样，不能一概而论。但对于系统分析，也是有规律可循的，主要是根据系统的具体条件，经过分析、对比，建立适当的分析模型，称之为物流系统的模型化。

（1）物流系统的模型化是系统分析的重要环节。由于物流系统中物流过程非常复杂，很难用常规方法做试验，而模型化有助于将复杂的问题简单化，将深奥的问题通俗化；有利于使物流系统分析的理论和方法为大众所接受。将物流系统模型化是进行物流系统分析的重要环节。

（2）物流系统模型化是系统分析的基本内容。模型化能把非常复杂的物流系统的内部和外部关系，经过恰当地抽象、加工和逻辑整理，变成可以进行准确分析和处理的结构形式，从而能得到需要给出的结论。采用模型化技术可以大大简化现实物流系统或新的物流系统的分析过程。物流系统模型化还提供了计算机协同操作的连接条件，为计算机辅助物流管理系统（CALM）的建立做了理论准备，从而可加速系统分析过程，提高系统分析的有效性。

（3）物流系统分析模型的种类。物流系统分析模型的种类主要有实物模型、图式模型、模拟模型和数学模型。

①实物模型。实物模型比较形象，便于共同研究，但不易说明数量关系，特别是不能揭示要素的内在联系，也不能用于优化。

②图式模型。图式模型是在满足约束条件下的目标值的比较中选取较好值的一种方法，它在选优时只起辅助作用。当维数大于2时，该种模型作图的范围受到限制。这种模型的特点是直观、简单，但不易优化，受变量因素的数量的限制。

③模拟模型。模拟模型共有两种类型：一种是可以接受输入并进行动态表演的可控模型，另一种是用计算机和程序语言表达的模拟模型。通常用计算机模拟内部结构不清或因素复杂的系统是行之有效的。

④数学模型。当系统及其要素的相互关系用数学表达式、图像等形式抽象地表示出来时，就是数学模型。它一般分为确定型和随机型，连续型和离散型。

（4）物流系统建模的方法。物流系统建模的方法有优化方法、模拟方法和启发方式方法。此外还有用于预测的统计分析法、用于评价的加权函数法、功效系统法及模糊数学方法。一个物流决策课题通常有多种建模的方法，同时一种建模方法也可用于多个物流决策课题。物流决策课题与物流建模方法的多样化，构成了物流系统的模型体系。

物流系统分析法，是在合理建模的基础上，应用数理分析的方法，通过对所建模的分析和比较，进而对物流的各个环节整体进行分析、比较，找出其内在的有机联系，使系统整体效果达到最佳。

综上所述，物流是一个系统性的概念，是由运输、保管、装卸搬运、包装、流通加工、配送和信息等多个环节（或称多个功能），以及使物流增值的环节（或增值功能）组成的一个系统工程。现代物流已与销售、电子商务和供应链等连成一体，是综合设计、整体构思、协调发展的产物。

第三节　物流要素

一、现代物流的基本功能要素
现代物流的基本功能要素由运输、存储保管两大功能组成。

（一）运输

运输是使用运输工具将物品从一地点向另一地点运送的物流活动，以实现货物的空间位移。运输和搬运的区别在于运输是在较大范围的活动，搬运是在同一地域内的活动。运输和配送的区别则在于，配送专指分拣配货然后运输，是短距离、小批量的运输，运输则是"送"与"配"共同构成的活动。

1. 运输方式及其选择

按运输设备及运输工具的不同分类，运输方式主要有公路运输、铁路运输、水路运输、航空运输、管道运输和综合运输。

各种运输方式都有各自的特点，不同物品对运输的要求也不尽相同，因此，要提高运输收益，就要合理选择运输方式。选择哪种运输方式，主要考虑两个基本因素，一是速度，二是费用。速度快，往往费用高。因此，进行具体选择时应从运输需要的不同角度进行综合评价。

（1）公路运输。指使用机动车辆在公路上运送货物。公路运输主要承担近距离、小批量货运，承担铁路及水运难以到达地区的长途、大批量货运，以及铁路、水路优势难以发挥的短途运输，是铁路、水陆运输方式不可缺少的接驳工具。其特点是灵活、便于实现门到门运送，但单位运输成本相对比较高。

（2）铁路运输。指使用铁路列车运送货物。铁路运输主要承担中长距离、大批量的货物运输，在干线运输中起主要运力作用。其特点是运送速度快、载运量大、不受自然条件影响。但建设投入大、只能在固定线路上行驶；灵活性差、需要其他运输的方式配合与衔接。长距离运输分摊到单位运输成本的费用较低，短距离运输成本很高。

（3）水路运输。指使用船舶在内河或海洋运送货物。它与铁路运输相似，主要承担中远距离、大批量的货物运输，在干线运输中起主要运力作用。在内河及沿海，水运也常作为小型运输工具，承担补充及衔接大批量干线运输的任务。其特点是能进行低成本、远距离、大批量的运输，但运输速度慢，且受自然条件影响较大。

（4）航空运输。指使用飞机等航空器进行运输。航空运输主要承担价值高或紧急需要的货物运输。其特点是速度快，但单位运输成本高，且受货物的重量限制。

（5）管道运输。指使用管道运送气体、液体和粉状固体货物，其运输形式是靠压力推动物体在管道内移动来实现。与其他运输的最大区别在于，管道设备是静止不动的。该运输方式的特点是封闭运输，可避免货损货差，连续性强，运量大，机械化程度高，运输费用低，但灵活性较差，对运输货物有特定要求和限制。

（6）综合运输。综合运输是指利用多种运输方式，互相协调、均衡衔接的现代化运输系统。

2. 运输合理化

组织合理运输，就是要使货物运输达到及时、准确、经济、安全的要求，重点在于克服不合理的运输现象。

（1）合理运输的要素。运输合理化的影响因素很多，起决定作用的主要有六个方面，即运输距离、运输环节、运输工具、运输时间、运输费用和运输规模。缩短运输距离，减少运输环节，优化选择运输工具，缩短运输时间，降低运输费用，实现规模运输，都对合理运输有促进作用。

（2）不合理运输形式。

①单程空驶。指由于组货计划不周、车辆调度不当，如不采用社会化的专业运输体系而采用自备车辆，造成起程或返程空车无货载行驶，导致运力浪费。

②对流运输。指同类货物或可相互代用的物品在同一运输线上的相向运输。

③过远运输。指在选择供货单位时舍近求远或低价货物长距离运输。

④迂回运输。指不通过最短运输路线而绕道的运输。采用该种形式时，只有在计划不周、地理不熟、组织不当时而发生的迂回，才属于不合理运输。

⑤重复运输。指应当直接运到目的地的物品中途卸车重复装运，或者同一种物品在某一地点一面运进又一面运出，增加了非必要的中间环节。

⑥无效运输。指运输的货物中包括无使用价值的物品，如附带的杂质、边角碎料、水分等。如果在起运地进行必要的流通加工，把上述不必要的物质清除，就能避免运力的浪费。

⑦运力选择不当。常见的有如下形式：

弃水走陆。指在同时可以利用水运及陆运的情况下，不利用成本较低的水运或水陆联运，而选成本较高的铁路运输或公路运输，使水运的优势不能发挥。

铁路或大型船舶的过近运输。指不是铁路及大型船舶的经济运行里程，却利用这些运力进行运输的不合理做法，既会加大单位运输成本，又会延长运输时间。

运输工具的承载能力选择不当。指不根据承运货数量及重量选择，盲目选用运输工具，造成超载、损坏车辆或不能满载、运力浪费的现象。

（3）组织合理运输的措施。

①提高车船技术装载量。物品在车船上配装、承载、堆码的方法和技巧，称为物品装载技术。提高装载技术以增加车船装载量，一方面是最大限度地利用车船载货吨位；另一方面是充分利用车船装载容积，尽量满足车船核定吨位和车船容积。主要做法是：

选择适宜的运输工具。根据货物的不同属性选择适合装运的运输工具。

组织货物的轻重配装。把轻泡货物与实重货物配装在同一车船上，这样既能装满车船容积，又可以避免车船超载，能充分利用车船的容积和载重量。

采用合适的包装形式。在保证货物质量和运输安全的前提下，尽量压缩物品包装体积，采用方便整齐排列的包装尺寸——使用标准包装模数等，充分利用装载容积。

运用堆码技术。根据车船的货位情况及货物的运输包装状态，采取有效的堆码技术，如多层装载、骑缝装载、紧密装载等技术，做到码得稳、间隙小。另外，可逐步实行包装的单元化、托盘化，提高车船技术装载量。

②发展联合运输体系。联合运输体系是根据与货主的协议，一票到底，将两种或两种以上运输方式或运输工具衔接起来，进行接力式运输的运输组织形式。目前发展了汽车—船舶—汽车、汽车—铁路—汽车、汽车—飞机—汽车、船舶—火车—汽车等不同的

联运方式。这样可有效避免对流、空驶、运力不当等多种不合理形式,是促进运输合理化的重要措施。

③加强流通加工环节。流通加工是指在流通过程中辅助性的加工活动。通过适当加工,改变商品的形态和包装,可有效解决无效运输问题。例如对水产品预先冷冻处理,将造纸材料在产地预先加工成干纸浆,去除杂质和水分后运输,可提高车辆装载率并降低损耗。

④推广先进技术和运输工具。近年来,运输技术和运输工具有了很大发展,如集合单元化技术、专用运输车辆等。

集合单元化技术。集合单元是指用不同的方法和容器,把货物整齐地汇集成一个扩大了的、便于装卸搬运的作业单元。这个作业单元在整个物流过程中保持一定的形状。以集合单元来组织货物的运输,称为集合单元运输。集装箱运输是集合单元运输的一种形式。集装箱(见图1-8)是具有一定强度、刚度和统一规格,在货物运输中专供周转使用的大型装货容器。集装箱运输以集装箱为运输单元,在装卸、换装、暂存、运输过程中都以箱为单位整体进行。箱体按标准

图1-8 集装箱

模式尺寸制造,互换性好,车船接驳容易,铁路、水路、公路转运方便,基本上可实现门到门服务。由于在转换运输工具时不用倒装,箱体又具有较高的强度和较好的封闭性,故可以减少货损、货差、被盗、遗失的可能性,又可以减少中转装卸造成的无效劳动。同时由于集装箱运输不是点件计收,交接凭箱口铅封,不易冒领,具有迅速、高效、安全、经济的优点,是物流业发展的重要运输形式。

目前集装箱运输被世界各国广泛使用。

托盘运输是集合单元运输的另一种运输形式。所谓托盘(见图1-9、1-10),是指一种便于装卸、运输、保管、使用的由承载单位数量物品的负荷面和铲车插口构成的装卸的垫板。托盘通常由木材、金属、纤维板制作。托盘运输是指把货物放在托盘上,利用叉车进行装卸,送到运输工具上输送。

图1-9 塑料托盘

图1-10 木质托盘

专用散装及罐装运输，指采用特殊、密封、专用的车型对粮食、水泥等粉状货物及酒类、油类等液状货物不作包装进行运输。这样不但可以减少包装费用，还能解决运输损耗大、安全性差等问题。

运输是物流体系中最重要的功能要素之一，运输的合理化在很大程度上促进了物流的合理化。

（二）存储保管

存储保管是指在保证货物的品质和数量的前提下，依据一定的管理规则，在一定时期内把货物存放在一定场所的活动。

存储保管是物流两个主要基本功能要素之一。运输改变了货物的空间状态，存储保管则改变了货物的时间状态，从而克服了产需之间的时间差异及运输能力的差异调节。

存储保管的场所总称为仓库。随着物流系统的发展，仓库的功能已由单纯保管型向流通型转变，在原有基础上增加了流通加工、拣选、配送等附加功能。

1. 仓库及其设施

在物流中，仓库一般是指库房、货场对物品货物进行收进、整理、存储、保管、分拨等工作的场所。

（1）仓库的分类。

①存储中心型仓库。这是以存储为主类的仓库，专门长期存放各种储备物资，如战略物资、季节物资、备荒物资、流通调节储备物资等。

②配送中心型仓库。这类仓库具有发货、配送、流通加工等功能。其业务范围包括拣选、配货、检验、分类等作业，并具有多品种、小批量、多批次等收货配送功能，以及贴标签、重新包装等流通加工功能。该类仓库是仓库业发展的重要方向。

③加工型仓库。这类仓库以流通加工作为主要目的，将商品的加工业务与仓储业务两种职能结合在一起。

④物流中心型仓库。这类是具有存储、发货、配送、流通加工功能的仓库，是现代物流仓库中的最高形式。

（2）仓库设施。

①装卸搬运设备及配套设施。包括各种叉车、吊车、起重机、堆码机、手推车、电瓶车、传输带、托盘等。

②保管设施。包括苫垫用品、存货用品（如货架）、计量设备、养护检验设备、通风照明保暖设备、安全设备等。如高层货物堆放存取用的升降机，见图 1-11，为高层货架和全自动堆垛机仓库，见图 1-12。

图 1-11　升降机

图 1-12　高层货架和全自动堆垛机仓库仿真图

③其他附属设备。包括打包机、扫描仪、打印机、计算机等。

此外，加工仓库还需配备专用的加工生产机械设备，如自动分选机等。

2. 仓库作业过程

存储作业按业务活动的内容分为三个阶段：

（1）货物入库。

①货物接运。指准备好人力、机力、货位，核对单据。

②货物验收。

货物品名、规格验收：通常以外包装或物品上标注为准。

数据验收：采用不同方法，分别对计件货物和计重货物进行检验。

质量验收：主要通过感官及工具对外观质量进行检验。

③货物入仓。包括编制条码，登账、建卡，将货物放入相应货位。

（2）保管与存储。

①仓库保管基本原则。

面向通道。将货物面向通道库存保管，方便货物移动、存放、取出。

分层堆放。尽量利用货架堆放货物，有效利用仓库空间。

按周转速度存放。进货发货次数频繁的应放在靠近出口的位置，以缩短出入库作业路线，提高工作效率。

同一类型存放。同类货物存放在相同位置。

类似货物存放。类似货物存放在相邻位置。

重物置下。为安全及方便，较重的货物应放在地上或货架底层，较轻的货物放置在货架上层。

形状对应方式存放。包装标准化货物可放于货架上保管，其他则对应形状进行保管。如细长货物采用竖置的方式存放。

明确表示。一种货物对应一个货位，将品种、数量、保管位置明确清晰表示，使该货物能被准确无误地找到。

先进先出。先入库的货物先发货，防止货物保管期过长而发生变质、损耗、老化现象。对于食品、药品等产品保管期较短的商品，这一原则非常重要。

②货物堆码。

四号定位法。采用四号（即库区号、货架号、货架层次号、货位列号）对货物归类叠放。适用于体积较小，用规则容器盛装的货物。

五五堆放法。五五成行，五五成方，五五成串，五五成堆，五五成层，使货物叠放整齐，便于点数、盘点、取送。适用于产品外形较大，外观规则的货物。

托盘法。将货物放于托盘上，有利于叉车将货物整体移动，提高货物保管的搬运效率。适用于机械化搬运作业。

堆垛法。根据货物不同的包装、外形，码成不同的垛形。适用于大件货物。

③存储控制。

保持存储区域整洁，使之具有适宜的环境条件。对温度、湿度和其他条件敏感的物资，应有明显的识别标记，并单独存放。

使用适当的存储方法。存储可能会变质和腐蚀的物资，应按一定的防腐和防变质的方法进行防护。

定期检查库存货物状况，如货物的保存期、质量等。

建立完整的账目和报表，保证实际存量与账本存量相符。

④检查、盘点。

盘点是指清点货物现存数量，以确定仓内货物实际存量，纠正账物不一致的现象，改进仓库管理工作。盘点有定期盘点法和连续盘点法。

定期盘点法是选择一固定时期，将所有货物全面加以盘点。这种方法准确度高，但会花费较多人力，盘点期间对货物出入库工作影响较大。

连续盘点法是将货物逐区逐类连续盘点，或者某类货物达到最低存量时，机动加以盘店。这种方法可以减少对货物出入库的影响，但需要专门工作人员连续盘点。

（3）货物发放。

①备货。

②按客户订单分拣货物，可进行简单加工，如改包装、分类、挂牌、贴标签等。

③制作有关发货与运送的单据。

当仓库不再是单一从事商品保管的地方，而是涵盖了多种物流功能——包括采购进货、保管存储、分拣包装、发货配送等业务，就形成了"物流基地"或"物流中心"。

3. 存储合理化措施

存储合理化是指用最经济的办法实现仓储的功能。具体做法有：

（1）合理安排仓库布局和作业流程。仓库的布局和作业流程要尽可能考虑到使货物容易验收、进仓、存取、盘点、搬运，有扩大仓容的弹性与潜力。要充分考虑到物流的合理化，减少不必要的迂回、往返和重复运输。如根据仓库工作类别，在仓区内设计卸货验收区、货物暂存区、待验区、发货区等工作区。若是大面积堆场，为避免物流线路绕场而产生迂回现象，可安排在堆场中间开辟一条道路。

（2）提高存储密度，提高仓容利用率。这样可提高单位存储面积的利用率，降低存储设施建设成本，减少土地占用。主要措施有：

①采用高层货架以增加存储的高度。高层货架指高度在 15 米以上的货架。

②缩小库内通道宽度以增加存储有效面积。采用窄巷式通道，配以轨道式装卸车辆，能减少车辆运行宽度要求；采用侧叉车、推拉式叉车等能减少弯道所需宽度。

③减少库内通道数量以增加存储有效面积。可以采用密集型货架、各种贯通式货架、不依靠通道的天桥吊车装卸技术等来实现这一目的。

（3）采用先进的计算机仓库管理系统。仓库管理系统利用条形码读取数据，由计算机管理控制系统进行信息处理并启动下一作业。入库时，将存放货位输入计算机，出库时向计算机发出指令，并按计算机的指示人工或自动寻址，找到存放货位，检索迅速。也可根据入库货物的存放时间和特点，指示合适的货位，这样可充分利用每一个货位，有利于提高仓库的存储能力。

（4）采用有效的监测清点方式。这种方法可以真实地反映存储物品数量与质量。具体方式有：

①"五五化"堆码。在存储物品堆垛时，堆成总量为"五"的倍数的垛型。清点时，有经验者可过目成数，大大加快了人工清点速度，而且减少差错。

②自动识别系统。在货位上设置光电识别装置。该装置对库存货物扫描，并将准确数量自动显示出来，不需人工清点。

③电子计算机监控系统。用电子计算机指示存取，可以避免人工存取容易发生的差错。只需向计算机查询，就可以了解所存物品的准确数量。

（5）采用现代存储保养技术。

①气幕隔潮。气幕就是在库门上方安装鼓风设施，在门口处形成一道气流。由于这道气流有较高压力和流速，上门口便形成一道气墙，可有效阻止库内外空气交换，防止湿气侵入，还可以起到保持室内温度的隔热作用。

②空气调节存储。即通过调节和改变环境空气成分，抑制被存储物品的化学变化和生物变化，抑制害虫生存及微生物活动，达到保持被储物质量的目的。空气调节存储对于防止生产资料在存储期发生有害化学反应也有一定效果。

③塑料薄膜封闭。塑料薄膜虽不完全隔绝气体，但是能隔水、隔潮。用塑料薄膜封垛、封袋、封箱，可有效地造成封闭小环境，阻隔内外空气交换，完全隔绝水分。在封闭环境内如果再加入杀虫剂、缓蚀剂或某种抑制微生物生存的气体，则内部可以长期保持这种物质的浓度，形成一个长期稳定的小环境。用这个方法对水泥、化工产品、钢材等做防水封装，可以防变质和锈蚀。塑料薄膜缩贴到封装物上，不但有效与外部环境隔绝，还可起到紧固作用，防止塌垛、散垛。

（6）采用集装单元储运一体化方式。采用集装箱、集装袋、托盘等集装单元的方式，省去了保管作业的一些环节，如集装箱的入库、验收、清点、堆垛环节，因而是存储合理化的一种有效方式。

二、现代物流的增值功能要素

现代物流业的增值功能要素包括：采购、包装、装卸搬运、流通加工、配送、物流信息等。这些要素可以使现代物流产生增值，或者是提高产品的附加价值，从而构成物流完整的功能要素。

（一）采购

采购是选择和购买货物的过程，包括了解需要、选择供应厂商、协议价格、签订合同、选择运输方案、催促交货、保证供应等事项。该过程既包含商流，又包含物流，是物流活动的起点，直接决定着进货的质量和成本。通过有效的采购管理，可以降低货物的成本，直接增加企业的利润。因此在企业物流服务中，采购功能越来越重要。

（二）包装

包装是在物流过程中为保护产品、方便储运、促进销售，按一定技术方法采用的材料、容器及辅助等，以及对货物进行包封，并加以适当的封装标志工作的总称。具体来讲，包装包括了两层含义，即包装物与包装操作。

1. 包装的功能

物流过程中包装主要有以下功能：

（1）保护的功能，即对货物起保护作用。货物在流通过程中，要经过多次的装卸、存取、运输，包装可有效避免该过程中各种外力的冲击、碰撞、摩擦所造成的破损，避免各种有害物质的侵蚀。

（2）便利的功能。包装后，使货物形状便于实施运输、装卸搬运和保管等物流作业。例如将液态产品盛桶封装，小件异形产品装入规则箱体，零售小件商品集装成箱。产品包装容器上标有鲜明的标记，用以指导产品的装卸和运输，便于商品的识别、清点和验收入库，有利于减少货损和货差，减少各流通环节的作业时间，加快商品流转，降低流通费用。

（3）促销的功能。包装能起到广告宣传的效果。良好的包装可以增强商品的美感，引起消费者注意，诱导消费者的购买欲望和购买动机，从而产生购买行为，在很大程度上决定了消费者的购买决策，起到增强产品的竞争力，促进销售的作用。

2. 包装的分类

根据包装在流通中的作用，将包装分为运输包装和销售包装两大类。

（1）运输包装。运输包装又称工业包装或外包装，是从物流需要出发，以运输、保管为主要目的的包装。对运输包装的基本要求如下：

①确保商品运输安全，在运输过程中不损坏、不变质、不变形、不变色、不污染，安全地送达消费者手中。

②要有明确的包装标志，运输包装的外形上一般都标有"小心轻放"、"切勿倒置"等储运标志，以及易燃易爆等危险品标志，同时还标有发运地、到达地，以及商品品名、规格、件数、号码、重量、体积、生产厂家等标志，便于识别商品，加速流转，使

商品正确无误地运往目的地。

③运输包装要采用先进的包装技术和包装材料。应逐步实现包装的标准化、规格化，大力开展集装箱运输，提高运输效率，节约流通费用。

（2）销售包装。销售包装又称为商品包装，它是以促进商品销售为主要目的的包装。对销售包装的基本要求如下：

①包装的外形要美观大方、醒目新颖，符合市场习惯和用户心理。

②突出商标，便于用户识别商品。

③要有简单和必要的文字说明，如实地介绍商品的性能和使用方法，方便用户携带和使用。

④在包装材料的选用及包装设计上要尽量降低成本，注意经济实用。

3. 包装材料和包装容器

包装材料和容器的选择设计是否合理，是保证包装质量的关键。不同的包装容器，采用不同的包装材料是为了适应不同商品包装的要求。因此，包装容器的设计、制作过程，也就是对包装材料选择的决策过程。

常见的包装材料和容器有如下几种：

（1）木制包装容器，一般适用于商品的外包装，包括木制箱、木桶等。

（2）纸制包装容器，适用于货物的内、外包装，包括纸板箱、瓦楞纸箱、纸盒、纸罐等。

（3）塑料包装容器，适用范围广泛，包括塑料袋类、塑料软管类、塑料瓶类。

（4）金属包装容器，适用范围较广，包括马口铁罐、铝箔软管、金属桶等。

（5）玻璃包装容器，适用范围较广，包括覆盖塑料保护层的玻璃瓶、薄壁轻量玻璃瓶、强化轻玻璃瓶等。

（6）包装用辅助材料，包括黏合剂、捆扎材料等，主要用于封口、包扎等用途。

4. 包装合理化

包装的合理化是物流合理化的组成部分及基础。

（1）常见的不合理包装形式。

①包装不足。主要表现在：

包装强度不足。

包装材料不能承担防护作用。

包装容器的层次及容积不足。

包装成本过低，不能有效包装。

② 包装过剩。主要表现在：

包装强度设计过高。

包装材料质量过高。

包装技术过高。

包装层次过高，体积过大。

包装成本过高。

（2）包装合理化措施。

① 包装轻薄化。在强度、寿命、成本相同的条件下，更轻、更薄的包装，可提高装卸搬运效率。

②包装单纯化。材料、规格、形状和种类力求单纯化，可提高包装作业的效率。

③符合集装单元化和标准化要求。包装规格应与托盘、集装箱，甚至与运输车辆、搬运机械相匹配，从系统的观点制定包装的尺寸标准。

④包装机械化。这可以有效地提高作业效率和包装现代化水平。

（三）装卸搬运

装卸搬运是指同一地域范围内进行的，以改变货物的存放状态和空间位置为主要内容和目的的活动。其中搬运是指在同一场所，对货物进行水平移动为主的物流作业；装卸是指货物在指定地点以人力或机械把货物装入运输设备或卸下。在实际操作中，搬运与装卸是密不可分的，两者是伴随在一起发生的。

1. 装卸搬运的作业构成

（1）堆放拆垛作业。堆放是指把货物按要求状态装上、装入指定位置的作业；拆垛则是其逆向作业，是指卸下、卸出货物的作业。

（2）分拣配货作业。分拣是在堆垛作业后或配送作业前，将货物按品种、出入先后、货流进行分类，再放到指定地点的作业；配货则是把货物从所定位置按品种、下一步作业种类、发货对象进行分类的作业。

（3）搬运移动作业。搬运移动为进行装卸、分拣、配送活动而发生的短距离移动货物的作业，包括水平、垂直、斜行移动，以及几种组合的搬送。

2. 装卸搬运的原则与合理化

装卸搬运是影响物流效率的重要环节。据统计，在中国，火车货运以 500 千米为分界点，运距大于 500 千米，运输在途时间多于装卸搬运时间；运距低于 500 千米，则装卸搬运时间超过实际运输时间。

装卸搬运是为采购、配送、运输和保管的需要而进行的作业，因装卸搬运次数太多，或质量不好把货物弄脏，或因包装造成破损以致影响到包装成本，将会直接影响到物流成本。因此，合理装卸搬运是提高物流效率的重要手段之一。

（1）装卸搬运的基本原则。

①减少装卸环节。装卸搬运活动增加了货物损坏的可能性和作业成本，因此要尽量取消、合并装卸搬运作业的环节和次数，消灭重复无效、可有可无的装卸搬运作业。例如车辆不经换装直接过境，门到门的集装箱联运等，都可以大幅度减少装卸环节和次数。

装卸搬运作业流程尽量简化，作业过程不要移船、调车，以免干扰装卸作业的正常进行。进行换装作业时，尽量不使货物落地，直接换装，以减少装卸次数。

②文明装卸。即杜绝野蛮装卸。作业过程中，要采取措施保证货物完好无损，保障作业人员人身安全，坚持文明装卸，不损坏装卸搬运设备、运输与存储设施等。

③集中作业。集中作业是指在流通过程中，按照经济合理原则，适当集中货物，使其作业量达到一定的规模，为实现作业的机械化、自动化创造条件。

各种成件货物应尽可能集装成集装箱、托盘、网袋等货物单元，以提高装卸搬运效果。

④省力节能，促进搬运的灵活性。节约劳动力，降低能源消耗，提高货物装卸搬运的灵活性，是对装卸搬运作出的基本要求。装卸搬运作业的灵活性是指货物的存放状态对装卸搬运作业的方便程度。

⑤标准化。标准化是指对事物和概念通过判定，发布标准，以获得最佳的经济效益和社会效益。装卸搬运标准化是对装卸搬运的工艺、作业、装备、设施、货物单元等所制定、发布的统一标准。装卸搬运标准化对促进装卸搬运合理化起着重要作用，是实现装卸搬运作业现代化的前提。

（2）装卸搬运合理化。

装卸搬运作业除了遵循上述基本原则外，还要求合理化，其目标主要是要达到节省时间、节约劳动力和装卸费。

①提高装卸搬运的灵活性，即指使放在仓库的货物处于易于移动的状态。把待运货物整理成堆，或是包装成搬运单元放在托盘上，或车上，或输送机上等，使货物从静止状态转变为易于装卸搬运状态。

②利用重力。作业时尽可能利用货物自重，以节省能量和投资，如利用地形差进行装货。尽量消除重力作为阻力的影响，如进行两种运输工具的换装时，采用不落地搬运等。

③提高机械化水平。装卸搬运是劳动强度大的作业，因此，应尽可能采用有效的机械化作业方式，将人力作业降至最低程度。如采用叉车、吊车等装卸机械，采用自动化仓库等。

④尽量采用集装单元。尽可能采用集装单元存储货物，如托盘、装箱等，可有效提高搬运、装卸效率，提高机械化、自动化程度。

⑤加强各环节作业的协调性。装卸搬运各环节的工作效率协调一致，能力相互适应，才能整个提高作业的综合能力。

（四）流通加工

流通加工是物流过程中进行的辅助加工活动，是物品从生产地到用户的过程中，根据需要施加包装、分割、计量、分拣、刷标志、拴标签、组装等简装作业的总称。

流通加工业务是现代物流企业提供的增值服务，即提高流通商品的附加价值，从而实现物流企业的经济效益，也给供需双方带来方便与效率，所以它有强劲的发展势头。

1. 流通加工的作用

流通加工之所以会出现并得到发展，是因为生产环节的加工活动往往不能完全满足消费的需要。从生产方面，要想保持生产的高效率，产品的规模就不能太复杂；从消费方面，则要求产品是多样化的，因此，需要对生产出来的定型产品再做进一步的加工。

这种加工过去往往是由用户来进行的，有很多缺点，如设备的投资大、利用率低、物资利用率不高、加工质量差等。而当这种加工从生产者和用户环节中剥离出来，设置于流通环节，流通加工就诞生了。流通加工的作用主要有以下几个方面：

（1）提高原材料的利用率。利用流通加工环节实行集中下料，是将生产厂家直接运来的简单规格产品如钢板、木材等。按使用部门的要求进行下料，可以做到优材优用、小材大用、合理套裁，因此能提高原材料的利用率，降低产品的原材料消耗。

（2）进行初级加工，方便用户。用量小或临时使用的单位，缺乏进行高效率初级加工的能力，依靠流通加工，可使用户省去进行初级加工的投资、设备及人力，从而方便用户，搞活供应。

（3）提高加工效率及设备利用率。由于实行集中加工，可以采用效率高、加工量大、技术先进的专门机具和设备，不但保证了加工质量，而且提高了设备利用率和加工效率。

（4）使物流更加合理。通过流通加工，改变了商品的形态和包装，使之更能合理地组织运输和配送，提高物流效益。

2. 流通加工的形式

中国常用的流通加工形式有：

（1）剪板加工。在固定地点设置剪板机或各种剪切、切削设备将大规格的金属板料裁切为小尺寸的板料或毛坯。

（2）集中开木下料。将原木锯裁成各种木板、木方，同时把木头碎屑集中加工成各种规格的夹板材，甚至还进行打眼、凿孔等初级加工。

（3）燃料掺配加工。将各种煤或其他一些发热物资，按不同的配方进行掺配，形成各种能产生不同热量的燃料。

（4）冷冻加工。为解决鲜活商品、药品等在流通中保鲜、装卸搬运问题，采取低温冷冻的加工。

（5）分选加工。对农副产品进行分等分级的挑选分类工作。

（6）精制加工。对农牧副鱼产品去除无用部分，甚至进行切分、洗净、分装的工作。

（7）分装加工。对商品按零售要求进行新的包装，大包装改小，散装改小包装，适合运输的包装改适合销售的包装等。

（8）组装加工。对出厂配件、半成品进行组合安装，随即销售。

（9）定造加工。特别为用户加工制造适合个性的非标准用品。

3. 流通加工的合理化

（1）流通加工的不合理形式。

①地点设置不合理。一般来讲，加工地点设置在产地，便于运输；设置在需求地，则便于实现大批量生产与多品种末端配送的物流优势。在确定了产地或需求地作为加工地点后，还需确定小地域正确选址的问题，如果选择不当，就会出现不合理。这种不合

理主要表现在交通不便，与生产企业或用户之间距离较远；投资过高；加工点周围社会、环境条件不良等等。

②方式选择不当。流通加工方式包括流通加工的对象、工艺、技术、加工等。正确选择流通加工方式实际上是指与生产加工的合理分工。本来应由生产加工完成的，却由流通加工来完成，或本来应由流通加工完成的，却由生产加工过程去完成，都会造成不合理。通常而言，如果工艺复杂、技术设施要求较高，加工可由生产过程延续或较易解决，都不宜再设置流通加工。

③作用不大，成为多余环节。有的流通加工过于简单，对生产及用户作用都不大，甚至存在盲目性，未能解决品种、规格、质量、包装等问题，相反增加了环节。

④成本过高，效益不好。流通加工是对生产的完善和补充，如果成本过高，则不能实现增值的目的，因此是不合理的。

（2）流通加工合理化措施。流通加工合理化的含义是尽量实现流通加工的最优配置，对是否设置流通加工环节、在什么地方设置、选择什么类型的加工、采用什么样的技术设备等问题作出正确选择。实现流通加工合理化主要考虑以下几方面：

①加工和配送结合。将流通加工设置在配送点，一方面按配送的需要进行加工；另一方面加工又是配送业务流程中分货、拣货、配货的环节之一，加工后产品直接投入配货作业，使流通加工与中转流通结合在一起。同时，由于配送之前有必要的加工，可使配送服务水平大大提高。这是当前对流通加工作出合理选择的重要形式。

②加工与配套相结合。配套是指对使用上有联系的用品集合成套地供应给用户使用。配套的产品来自各个生产企业，经过组合、装配和包装等流通加工作业，可有效地促成配套。

③加工和商流相结合。通过加工改变包装，形成方便的购买量，通过组装消除用户使用前组装、调试的困难等，都可有效地促进销售，促进商流。

④加工和节约相结合。节约能源、节约设备、节约人力、节约耗费是流通加工合理化的重要考虑因素。

（五）配送

配送是指对从供应者手中接受的多品种、大批量货物，进行必要的存储保管，并按用户的订货要求进行分货、配货，并将配好的货物在规定的时间内，安全、准确地送交用户。配送是"配"和"送"的有机结合，是一种门到门的服务方式。

1. 配送的作用

（1）配送可以降低整个社会物资的库存水平。发展配送，实行集中库存，整个社会物资的库存总量必然低于各企业分散库存总量。配送可以发挥规模经济优势，降低库存成本。同时，配送也便于灵活调度。

（2）配送有利于提高物流效率，降低物流费用。采用配送方式，批量进货，集中发货，以及将多个小批量集中一起大批量发货，可以有效地节省运力，实现经济运输，降低成本，提高物流经济效益。

（3）可使企业实现低库存甚至零库存。依靠配送中心准时配送或即时配送，用户企业可以不需要保持自己的库存或只保持少量库存，节约储备资金，降低生产成本。

（4）配送是实现流通社会化的重要手段。实行社会集中库存、集中配送，可以从根本上打破条块分割的分散流通体制，实现社会化的商品流通。

2. 配送的作业内容

配送作业的内容包括集货、分拣、配货、配装、配送运输、送达服务和配送加工。

3. 配送合理化

不合理配送的表现形式有：货源组织不合理；库存量不合理；价格不合理；配送与运输的安排不合理；送货中的不合理运输；经营观念不合理。

因此采取配送合理化措施有：推行专业化配送；推行加工配送；推行共同配送；推行准时配送系统；推行即时配送；实行送取结合，为同一用户同时提供配送和存储的业务。

4. 配送中心及其职能

（1）配送中心的含义。配送中心是组织配送性销售或供应，专门从事实物配送工作的物流结点；是从事货物配备（集货、加工、分货、拣货、配货）和组织对用户的送货，以高水平实现销售或供应的现代流通设施。

（2）配送中心的职能。配送中心的职能包括集货职能，存储职能，分拣、理货职能，配货、分发职能，倒装、分装职能，以及信息搜集和处理功能。各职能有效地衔接物流各环节活动。

上述职能中，分拣职能和配货职能是配送中心的核心职能，决定着整个配送系统水平的高低，是配送向高级形式发展的必然要求。

（六）物流信息

物流信息是指物流活动的内容、形式、过程及发展变化的反映，是由物流引起并能反映物流活动的各种消息、情报、文书、资料、数据等的总称。

1. 物流信息的内容

（1）与物流活动有关的信息。

①订货信息，如发货日期、货物种类等。

②运输信息，如货物包装、车辆配置等。

③存储信息，如货物出入库通知、清单等。

④配送信息，如配送计划、配送路线、时间表等。

⑤综合信息，如物流计划、统计资料等。

（2）与市场商品买卖有关的信息。

（3）物流信息特征。

①信息量大、分布广。

②信息来源多样化。主要来源有：

来自生产企业内部，如生产、库存信息。

企业间物流信息，如订货、收货信息。

物流运输企业信息，如货物跟踪、车辆运行管理。

社会物流基础设施（如道路、港口、机场等）关联信息，如报关信息等。

2. 物流信息的作用

现代物流一般包含了运输、库存、装卸、搬运、包装等活动，这些活动是在不同的场所进行的。现代物流服务的主要作用在于缩短货物的在途时间、实现零库存、及时供货和保持供应链的连续及稳定，合理组织整个物流活动，使各环节相互协调，根据需要适时、适度地调度系统内的基本资源。系统内的相互衔接必须通过信息来予以沟通，其基本资源的调度也是通过信息的传递来实现的。因此物流信息为物流的合理运转起到不可缺少的作用。物流信息技术同时也是现代物流区别于传统物流的关键。

3. 常用物流信息技术

常用物流信息技术包括条码、电子数据交换（EDI）、电子自动订货系统（EOS）、销售时点信息系统（POS）、货物跟踪系统和车辆运行管理系统等。

货物跟踪系统是指物流运输企业利用物流条码和 EDI 技术，及时获取有关货物运输状态的信息，如货物品种、数量、货物在途情况、交货期间、发货地和到达地、货物的货主、送货车辆及人员等，提高物流运输服务的方法。

车辆运行管理系统指物流运输过程中采用通信卫星、全球定位系统（GPS）和地理信息系统（GIS）等现代技术对车辆运行进行管理的系统。

中国地域广阔，随着经济的快速发展，对物流运输服务的要求也会越来越高，利用上述技术是今后大中型物流企业的发展趋势。

思考与练习

一、名词解释

物流　供应物流　生产物流

二、思考题

1. 理解物流概念时应该注意哪些要点？

2. 举例说明物流活动创造的时间价值和空间价值。

3. 分析说明物流在社会经济活动中的作用。

4. 什么是物流系统？它有什么特征？

5. 物流系统分析的基本内容是什么？为什么说物流系统分析的重要环节是系统模式化？

6. 为什么说物流不是某一个环节的概念，而是一个系统性的概念？

7. 什么是物流系统的三要素？如何理解？

8. 如何理解物流系统的基本模式？

9. 配送和运输的区别是什么？如何理解配送？

10. 物流信息技术在现代物流中起什么作用？

三、案例分析题

1. 结合物流系统的案例进一步分析，在物流系统实践中，如何把握物流七大环节之间的相互制约的关系？试分析这当中揭示了哪些物流系统的知识点。

2. 分析案例"海尔物流系统的启示"。

海尔物流系统的启示

中国著名的家电企业海尔集团从 1991 年开始物流改革，将物流重组定位在增强企业的竞争优势的高度，希望通过物流重组有力地推动海尔的发展。

海尔是全国著名的家电企业，所生产的产品从手机到电脑，几乎涉及了电子产品的全部，零部件的库存多而繁杂，资金占用比较大，所以海尔集团首先选择零部件作为首要的突破点。海尔集团建立了现代化的立体库，开发库存管理软件，使其达到最先进水平。之后，海尔集团发现车间、分货方式和经销商的管理水平跟不上，于是又向他们推荐先进的作业方法。立体库带动了机械化搬运和标准包装，并按国标标准要求采用标准的托盘和塑料周转箱。标准化使海尔的生产井井有条，标准的容器和规范化的管理，便于机械化搬运，便于提高管理水平。这些搞好后，又发现检验是一个薄弱环节。检验时间长，造成大量库存积压，于是又把检验集中起来，尽量分散到供方和第三方仓库去检验。这样企业中的物流就没有检验这一环节，减少了大量的库存，目前只有3天的库存量，库存资金也大大减少。

海尔从1999年初开始实施物流发展计划，不到一年的时间，效果已非常明显。同时，海尔也利用第三方物流进行内部配送，企业物流把社会力量整合起来了。

当然，在实施物流的过程中，海尔也遇到了一些困难，其中最主要的是人们头脑中的习惯思维问题，观念还不适应整合起来后的效果，只从自身是否方便来考虑问题。现在，海尔注重的是物流整体的整合，是整体的效率提高，也就是在每一个具体的物流功能要素对外输出后，经过反馈后不断改进，注重各个环节间的互相联系和综合效果，从而使整个物流系统对外输出效率达到最高。目前，海尔的采购、配送、运输各个部门，专门从事海尔全集团的物流活动，使得采购、生产支持、物资配送在战略上达成一体化。海尔计划在尽可能短时间内，摸索出一套独有的物流管理模式，创立出独特的物流体系。目前，海尔正努力建设企业内部的物流事业部门，使之在为海尔集团服务的基础上，最终社会化，使海尔的企业物流最终成为海尔的物流企业。

四、实践题

了解企业销售包装和运输包装（工业包装）的区别和要求有哪些不同。

第二章　航空货物运输

教学目的　1. 了解航空区划和时区，以及航空集装器的基本常识；

2. 掌握航空货物运输的基本方式、航空运输缩略语及代码的相关知识。

案例导入

　　航空货物运输与铁路、水路、公路货物运输一样是我国国民经济、物资生产和流通领域内必不可少的一个重要环节。没有货物运输，物质生产过程就无法完成，生产的产品也无法到达消费者手里，也就无法实现其使用价值。

　　航空货物运输必须认真贯彻国家的经济建设方针，体现"人民航空为人民"的宗旨，做到安全、迅速、准确、经济，为社会主义现代化建设、国际交往和人民生活服务。承运人要按照"保证重点、照顾一般、合理运输"的原则组织货物运输，积极调查组织货源，努力改善管理，加强运输组织，挖掘运输潜力，提高经济效益和运输服务质量。

第一节　航空区划和时差

一、航空区划

　　国际航空货物运输中与运费有关的各项规章制度、运费水平都是由国际航协统一协调、制定的。在充分考虑了世界上各个不同国家、地区的社会经济、贸易发展水平后，国际航协将全球分成三个区域，简称为航协区（IATA Traffic Conference Areas），每个航协区内又分成几个亚区。由于航协区的划分主要从航空运输业务的角度考虑，依据的是不同地区不同的经济、社会以及商业条件，因此和我们熟悉的世界行政区划有所不同。

　　一区（TC1）：包括北美、中美、南美、格陵兰、百慕大和夏威夷群岛。

　　二区（TC2）：由整个欧洲大陆（包括俄罗斯的欧洲部分）及毗邻岛屿，冰岛、亚速尔群岛，非洲大陆和毗邻岛屿，亚洲的伊朗及伊朗以西地区组成。本区也是和我们所熟知的政治地理区划差异最多的一个区，它主要有三个亚区：

　　非洲区：含非洲大多数国家及地区，但北部非洲的摩洛哥、阿尔及利亚、突尼斯、埃及和苏丹不包括在内；欧洲区：包括欧洲国家和摩洛哥、阿尔及利亚、突尼斯三个非洲国家和土耳其（既包括欧洲部分，也包括亚洲部分）。俄罗斯仅包括其欧洲部分；中东区：包括巴林、塞浦路斯、埃及、伊朗、伊拉克、以色列、约旦、科威特、黎巴嫩、阿曼、卡塔尔、沙特阿拉伯、苏丹、叙利亚、阿拉伯联合酋长国、也门等。

　　三区（TC3）：由整个亚洲大陆及毗邻岛屿（已包括在二区的部分除外），澳大利亚、新西兰及毗邻岛屿，太平洋岛屿（已包括在一区的部分除外）组成。它主要有四个亚区：南亚次大陆区：包括阿富汗、印度、巴基斯坦、斯里兰卡等南亚国家；东南亚区：包括中国（含港、澳、台）、东南亚诸国、蒙古、俄罗斯亚洲部分及土库曼斯坦等独联体国家、密克罗尼西亚等群岛地区；西南太平洋洲区：包括澳大利亚、新西兰、所罗门群岛等；日本、朝鲜区：仅含日本和朝鲜。

二、时差

（一）什么是时差（Time Lag）

平太阳时和真太阳时的差。一年之中时差是不断改变的，最大正值是＋14分24秒，最大负值是—16分24秒，有4次等于零。

两个地区地方时之间的差别称作为时差。

（二）什么是地方时

随地球自转，一天中太阳东升西落，太阳经过某地天空的最高点时为此地的地方时12点，因此，不同经线上具有不同的地方时。相邻15度经线内所用的同一时间是区时（本区中央经线上的地方时），全世界所用的同一时间是世界时（0度经线的地方时）。区时经度每隔15度差一小时，地方时经度每隔1度差4分钟。

各地的标准时间为格林尼治时间（GMT）加上（＋）或减去（－）时区中所标的小时和分钟数时差。许多国家还采用夏令时（DST），比如美国每年4月到9月实行夏令时，时间提前一个小时。

（三）怎样计算时差

由于太阳东升西落，以太阳作为参照的时间系统必然出现偏东时区比偏西时区时刻快（早）的现象，并且相邻时区间的时刻差为完整的一小时。又因国际日期变更线的安排，使东十二区成为极东时区，西十二区成为极西时区。亦即东十二区的时刻是最快（早）的，而西十二区的时刻是最慢（晚）的。

根据以上理论依据，建立数轴，以0为中心，东西各取12位整数，最大为＋12，最小为－12。将东西十二时区及中时区与相应整数建立一一对应关系：即中时区与0对应，东一区至东十二区分别与＋1至＋12一一对应，西一区至西十二区分别与－1至12一一对应。如此，各时区之间相差时间的计算，便转化为与其相对应的整数之间的运算，并遵从整数运算法则。而各整数之间的大小关系，也即是各时区之间时刻的快慢（早晚）关系。两个时区标准时间（即时区数）相减就是时差，时区的数值大的时间早。比如中国是东八区（＋8），美国东部是西五区（－5），两地的时差是13小时，北京比纽约要迟13个小时；如果是美国实行夏令时的时期，相差12小时。世界各国时差如表2－1所示。

表2-1　世界部分国家或地区时差（单位：小时）

地点	与中国时差	地点	与中国时差
阿拉斯加	-18	荷兰	-7
阿根廷	-11	新西兰	+4
澳大利亚	0至+2	巴基斯坦	-3
奥地利	-7	挪威	-7
巴西	-11	巴拉圭	-12
秘鲁	-13	菲律宾	0
智利	-12	波兰	-6
哥伦比亚	-13	葡萄牙	-8
哥斯达黎加	-14	波多黎各	-12
加拿大	-13至-16	罗马尼亚	-5
丹麦	-7	卢旺达	-6
埃及	-6	沙特阿拉伯	-5
芬兰	-6	新加坡	0
法国	-7	南非共和国	-6
希腊	-6	西班牙	-7
关岛	+2	斯里兰卡	-2.5
夏威夷	-18	瑞典	-7
印度	-2.5	瑞士	-7
印尼	-1至+1	泰国	-1
伊朗	-4.5	土耳其	-5
以色列	-6	英国	-7
意大利	-18	乌拉圭	-11
日本	+1	美国	-13至-16
韩国	+1	梵蒂冈	-7
科威特	-4.5	德国	-7
马来西亚	0	墨西哥	-14至-15

小知识

1. 时差的由来

各国的时间使用地方时，没有统一换算方法，给交通和通信带来不便（时差的意识在此前就有，只是没有形成完善制度）。为了统一，世界采取了时差制度并且遵循此制度，各国时间历法都以此制度为基础。

2. 为什么是 24 个时区

和一天的 24 小时对应，即满足 24 小时回到原点，24 时区覆盖全球。

3. 为什么有零点时区

用坐标轴的原理解释，便于用加减法则进行时差计算。

4. 东十二区和西十二区为什么只有其他时区一半大小

为满足 24 时区和零时区的存在。

5. 不同时区的时间怎样计算

同减异加，东加西减。

"同"指同在东时区或同在西时区，"同"则两时区相减（例如东八区和东五区都在东时区，则 8－5＝3）。"异"则相反。

遵循一张零时区居中的世界地图，所求时区在已知时区东边则同减异加的结果加上已知时区的时间。否则为减。

第二节　航空集装器

航空运输是利用飞机进行空中运输的现代化的运输方式，其特点是不受地面条件的限制，航行便利，运输速度快，航行时间短，货物运输途中破损率小。

一、航空集装箱的定义

国际航空运输协会（IATA）将在航空运输中所使用的成组工具称为成组器（VLD）。成组器分为航空用成组器和非航空用成组器两类。其中的非航空用成组器中，包括与 ISO 标准同型的集装箱。

（一）航空用成组器

航空用成组器是指与飞机的形体结构完全配套，可以与机舱内的固定装置直接联合与固定的成组器。

（二）非航空用成组器

这里所谓"非航空用"，只是指成组器的形状与飞机内部不吻合，为长方形，也不能直接在机舱中系固。

二、航空集装箱的特点

用于航空运输中的航空集装箱产品都必须满足适航条例的要求，保证航空货运的安全。

航空集装箱基本尺寸是根据美国国家飞行器标准 NAS—3610 的规定来分的，且自身质量非常轻，装载量最大化。

航空集装箱制造的材料必须经过燃烧实验后确认合格，一般要使用专用的铝材或复合材料，在强度、硬度、抗燃烧和塑性变形方面都有严格的规定。燃烧实验的内容由联邦航空条例（Federal Aviation Regulation，FAR—25.853）规定。

在—54℃至71℃的温度环境下，航空集装箱要求在强度方面和使用上必须保持原有的性能。

为了适应飞机货舱的形状要求，航空集装箱形状一般都设计为多元化，有对称六面体和八面体，也有大量使用不对称的七面体。

三、航空集装箱化运输的特点

货物运输快速便捷：专用飞机的出现，最大程度地缩短运输的时间和距离，它不受江河山川等地形条件的影响，能跨越国界地界飞行，对需要急运货物的货主来说，航空货运是最快捷便利的运输方式。

安全性能高：随着高科技在航空运输中应用和飞机技术的不断革新，地面服务、航行管制、设施保证、仪表系统、状态监控等技术都要得到提高，从而保证了飞机飞行的安全性，而且采用的是集装箱装载，因此，航空集装箱运输的安全性是比较高的。

货物运输的价值性与经济性：一般来说，价值越高的货物越是采用安全性能高、运输时间短的运输方式，航空集装箱化运输的出现，正是适应了这种高价值的物品诸如金银财宝、贵重物品、快递急件等的运输要求，同时，它所节省的费用与时间，创造出了更高的经济价值。

四、航空集装箱的种类

（一）成组器

成组器是航空运输中用以装载货物、邮件和旅客行李用的容器。具有一定的形状、尺寸和强度要求，可以使用货舱内的滚轮系统进行装卸和固定。有航空用托盘和货网（Aircraft Pallet and Net）、航空集装箱（Air Mode Container）和航空用圆顶（Aircraft Igloo）三种。成组器中分航空用成组器和非航空用成组器，航空用成组器中又分有证成组器和无证成组器，非航空用成组器主要有国际航空运输协会的标准尺寸集装箱。

（二）航空用货板

航空用货板应具有平滑的底面，能采用货网和圆顶将装载的货物捆绑起来，装载到飞机上的输送机和固定装置上。通常使用的货板厚度一般为 2 厘米，如果要求承受弯曲负荷时，其厚度应为 6 厘米。

（三）航空用货网

是航空运输中用于固定托盘上货物用的网。通常由一张顶网和两张侧网组成，三张网用皮带扣连接。货网和托盘之间利用装在货网下端的金属环（Fitting Ring）连接。也有顶网与侧网组成一体的，这种货网主要用于非固定结构圆顶上。

（四）航空用圆顶

长形面包式的航空集装箱的一种，通常是在底板上使用航空用托盘制成的简易集装箱。它分固定结构圆顶（Structural Igloo）和非固定结构圆顶（Non-Structural）两种。圆顶一词是由爱斯基摩人住的圆顶茅屋而得名。这种圆顶用于 DC8F 和 B747F 等机型。

（五）航空用托盘

航空运输中用于装载货物、邮件和旅客行李，用货网将货物加以固定用的托盘。托盘是一块平滑的底板，在制造上必须满足如下要求：能用货网将货物固定起来；能方便地装在机内的固定装置上。

货网是用精工编织的带子编成，可用以绑缚托盘上的货物。通常使用的托盘厚度为 2 厘米，这种托盘称为半应力托盘（Semi-stressed Pallet）或扰性托盘（Flexible Pallet）。适合于运输重货的厚度为 6 厘米的托盘称之为应力托盘（Stressed Pallet）或刚性托盘（Rigid Pallet）。现在使用中的航空用托盘的尺寸为：宽 317 厘米（125in）×长 224 厘米（88in）；宽 317 厘米（125in）×长 243 厘米（96in）；宽 274 厘米（108in）×长 224 厘米（88in）。

以上三种托盘的货物堆装高度可根据机舱内高度进行调整。宽体型货机下部货舱高度为 160 厘米（66in），B747 型货机主货舱高度为 243 厘米（96in）～300 厘米（118in）。在上述形状尺寸范围以内的任何货物都可以装在托盘上。另外，如货物装在一张托盘上其尺寸要超出托盘时，可用两张托盘并成一张装载，这是一种特殊的装载方法。

（六）航空用马厩集装箱

是航空用来装载马匹用的一种特殊集装箱。日航的空用马厩集装箱的尺寸为 240 厘米×206 厘米×200 厘米，一箱可装三匹马。

（七）空陆联运集装箱

是为航空和陆上联运而设计的航空集装箱。它角部不设角件，因此不能装上集装箱船作海上运输。其长度有 10 英尺、20 英尺、30 英尺、40 英尺几种，具备航空集装箱的各项条件，有与航空器栓固系统相配合的栓固装置，箱底可全部冲洗并能用滚装装卸系统进行装运。可以装在波音 747 货机和陆上运输工具上运输。

（八）空陆水联运集装箱

具备航空集装箱的各项条件，可以装在波音 747 货机内，同时可装在铁路和公路车辆上运输，因角部设有角件故也可用集装箱船进行海上运输的多式联运用的集装箱。其长度与海上集装箱相同，有 10 英尺、20 英尺、30 英尺、40 英尺几种。国际标准化组织已颁发 ISO8323 空陆水联运集装箱的新国际标准。

五、集装器编号

每一个集装器的编号由三部分组成，第一部分由三个英文字母组成，第二部分由四位数字组成，第三部分由两个英文字母组成。如 AKE1234CZ。

第一部分的第一位英文字母是集装器的种类代号：

A——CERTIFIED AIRCRAFT CONTAINER 适航审定的集装箱

D——NON-CERTIFIED AIRCRAFT CONTAINER 非适航审定的集装箱

F——NON CERTIFIED AIRCRAFT PALLET 非适航审定的集装板

G——NON CERTIFIED AIRCRAFT PALLET NET 非适航审定的集装板网套

J——THERMAL NON-STRUCTURAL CONTAINER 非适航审定的结构保温集装箱

M——THERMAL NON-CERTIFIED AIRCRAFT CONTAINER 非适航审定的保温集装箱

N——CERTIFIED AIRCRAFT PALLET NET 适航审定的集装板网套

P——CERTIFIED AIRCRAFT PALLET 适航审定的集装板

R——THERMAL CERTIFIED AIRCRAFT CONTAINER 适航审定的保温箱

U——NON-STRUCTURAL IGLOO 非结构集装棚

第一部分的第二位英文字母是集装器底板的尺寸代号：

A——88 英寸×125 英寸（2235 毫米×3175 毫米）

B——88 英寸×108 英寸（2235 毫米×2743 毫米）

E——88 英寸×53 英寸（2235 毫米×1346 毫米）

F——96 英寸×117.75 英寸（2438 毫米×2991 毫米）

G——96 英寸×238.5 英寸（2438 毫米×6058 毫米）

H——96 英寸×359.25 英寸（2438 毫米×9125 毫米）

J——96 英寸×480 英寸（2438 毫米×12192 毫米）

K——60.4 英寸×61.5 英寸（1534 毫米×1562 毫米）

L——60.4 英寸×125 英寸（1534 毫米×3175 毫米）

M——96 英寸×125 英寸（2438 毫米×3175 毫米）

N——61.5 英寸×96 英寸（1562 毫米×2438 毫米）

P——47 英寸×60.4 英寸（1194 毫米×1534 毫米）

Q——60.4 英寸×96 英寸（1534 毫米×2438 毫米）

X——296 英寸＜最大长＜125 英寸（在 2438 毫米 和 3175 毫米 之间）

Y——最大长＜96 英寸（＜2438 毫米）

Z——最大长＞125 英寸（＞3175 毫米）

第三个英文字母（也有用数字）是集装器的顶外形表示可适用的机型代号：

E——适用于装 B747、A310、DC10、L1011 下货舱无叉眼装置的 HALF SIDE 集装箱（LD3）

N——适用于装 B747、A310、DC10、L1011、A310 下货舱有叉眼装置的 HALF SIDE 集装箱（LD3）

4——（同上）（IGLOO）

P——适用于装 B747COMBIC 上舱及 B747、DC10、L1011、A310 下舱的集装箱

A——适用于装 B747F 上舱的集装箱

G——表示符合 NAS3610 RESTRAINT 2A4 代号和 IATA FITTING CODE 10/10 代号标准的集装箱

第二部分是集装器所属航空公司自行编排的序号，由一至五位数字组成。

第三部分是集装器所属航空公司的二字代号（或三字代号）。

第三节　航空货物运输

一、航空货物运输的方式

航空运输有其他运输无法比拟的优越性。运送速度快，运输安全准确，可简化包装节省包装费用。尽管航空运费一般较高，但对体积大、重量轻的货物，采用空运反而有利。且空运计算运费的起点比海运低，运送快捷准点，所以小件货物、鲜活商品、季节性商品和贵重商品适宜采用航空运输。航空运输方式主要有班机运输、包机运输、集中托运和航空快递业务。

（一）班机运输

班机运输是指在固定航线上定期航行的航班。班机运输一般有固定的始发站、到达站和经停站。货运航班只是由某些规模较大的专门的航空货运公司或一些业务范围较广的综合性航空公司在货运量较为集中的航线开辟。对于前者，一般的航空公司通常采用客货混合型飞机，在搭乘旅客的同时也承揽小批量货物的运输。

由于班机运输有固定的航线、挂靠港、航期，并在一定时间内有相对固定的收费标准，对进出口商来讲可以在贸易合同签订之前预期货物的起运和到达时间，核算运费成

本，合同的履行也较有保障，因此，成为多数贸易商的首选航空货运形式。

近年来，随着货运业竞争加剧，航空公司为体现航空货运的快速、准确的特点，不断加强航班的准班率（航班按时到达的比率），强调快捷的地面服务，在吸引传统的鲜活、易腐货物，贵重货物，急需货物的基础上，又提出为企业特别是跨国企业提供后勤服务的观点，努力成为跨国公司分拨产品、半成品的得力助手。但另一方面，班机运输由于多采用客货混合机型，航班以客运服务为主，货物舱位有限，不能满足大批量货物及时出运的要求，往往只能分批运输。同时，不同季节同一航线客运量的变化也会直接影响货物装载的数量，使得班机运输在货物运输方面存在很大的局限性。

（二）包机运输

包机运输（Chartered Carrier）是指航空公司按照约定的条件和费率，将整架飞机租给一个或若干个包机人（包机人指发货人或航空货运代理公司），从一个或几个航空站装运货物至指定目的地。包机运输适合于大宗货物运输，费率低于班机，但运送时间则比班机要长些。

（三）集中托运

集中托运（Consolidation）是指航空货运代理公司将若干批单独发运的货物集中成一批向航空公司办理托运，填写一份总运单送至同一目的地，然后由其委托当地的代理人负责分发给各个实际收货人，可以采用班机或包机运输方式。这种托运方式可降低运费，是航空货运代理的主要业务之一。

（四）航空快递业务

航空快递业务（Air Express Service）是由快递公司与航空公司合作向货主提供的快递服务，其业务包括：由快速公司派专人从发货人处提取货物后以最快航班将货物出运，飞抵目的地后，由专人接机提货，办妥进关手续后直接送达收货人，称为"桌到桌运输"（Desk to Desk Service）。这是一种最为快捷的运输方式，特别适合于各种急需物品和文件资料。

外贸企业办理航空运输，需要委托航空运输公司作为代理人，负责办理出口货物的提货、制单、报关和托运工作。委托人应填妥国际货物托运单，并将有关报关文件交付航空货运代理、空运代理向航空公司办理托运后，取得航空公司签发的航空运单，即为承运开始。航空公司需对货物在运输途中的完好负责。货到目的地后，收货人凭航空公司发出的到货通知书提货。

二、包机、包舱、包集装器（板、箱）货运业务

包机、包舱和包集装器（板、箱）运输是指航空公司按照与租机人事先约定的条件及费用，将整架飞机或一部分租给包机人，从一个或几个航空港装运货物至目的地。

（一）包机运输

由于班机运输形式下货物舱位常常有限，因此当货物批量较大时，包机运输就成为重要方式。包机运输通常可分为整机包机和部分包机。

1. 整机包机

(1) 整机包机 即包租整架飞机,指航空公司按照与租机人事先约定的条件及费用,将整架飞机租给包机人,从一个或几个航空港装运货物至目的地。

(2) 包机人一般要在货物装运前一个月与航空公司联系,以便航空公司安排运载和向起降机场及有关政府部门申请、办理过境或入境的有关手续。

(3) 整机包机的费用:一次一议,随国际市场供求情况变化。

2. 部分包机

(1) 由几家航空货运公司或发货人联合包租一架飞机或者由航空公司把一架飞机的舱位分别卖给几家航空货运公司装载货物。部分包机适用于托运不足一架整飞机舱容,但货量又较重的货物运输。

(2) 部分包机与班机的比较:

①时间比班机长;

②各国政府为了保护本国航空公司利益常对从事包机业务的外国航空公司实行各种限制。

3. 包机的优点

(1) 解决班机舱位不足的矛盾。

(2) 货物全部由包机运出,节省时间和多次发货的手续。

(3) 弥补没有直达航班的不足,且不用中转。

(4) 减少货损、货差或丢失的现象。

(5) 在空运旺季缓解航班紧张状况。

(6) 解决海鲜、活体动物的运输问题。

(二) 包舱运输

包舱,是指托运人根据所托运的货物,在一定时间内需要单独占用飞机货舱,而承运人需要采取专门措施给予保证的一种运输方式。包舱运输有两种形式;固定包舱,指托运人在一段时间内固定地包用飞机货舱;无固定包舱,指临时的大宗货物或因承运人无法安排固定舱位时,托运人包用飞机运输货物。包舱只限直达航班,不受理中转业务。

申请包舱的托运人应当凭有效证件与承运人签订包用航空企业的飞机货舱位和集装设备的合同,并承担各自的责任与义务。包机运输中的相应规定也适用于包舱。

包舱运输应视为急件运输,按急件运输收费。对于固定包舱的收费标准可根据飞机货舱位的重量缴纳包用费。因托运人的原因取消所有包用的舱位,在约定的发送时间24小时内提出退包,应当按包用运费(或包用费)的20%收取退包费;在约定的发送时间24小时前提出退包,则免收退包费。因承运人的原因取消所包用的舱位应当向托运人赔偿违约金。

(三) 包集装器(板、箱)运输

板——航空运输集装板,是飞机货舱内承载货物的容器。钢铁制,下边有轮,便于拖带，上边有滚轴，便于装卸，四周有钩或锁扣，便于固定、捆扎货物。如 B747－400 全货机是目前世界最先进的货机，其电子设备优良，续航能力强，最大巡航距离 8000 海里，可用容积 737 立方米，主货舱可装 30 个集装板。

航空集装板作为一个运输单元运输货物可申请建立集装货物运价。

包板，即承包集装板。是与航空公司签订销售代理合同的货运代理公司（空运一级代理），向航空公司承诺，在其某个航线的每个航班（次）上，保证交付一个或几个"板"的货物。航空公司则给其与散货相比较低的集装货物运价，使其在航空货运市场上取得价格优势。

若货运代理公司没有向航空公司交付原先承诺数量的货物，仍需要按原先承诺的板数向航空公司支付运费。因此，货运代理为了保证揽到充足的货源、避免空舱，则把包板的价格稍加利润，放给下级代理（空运二级代理）或直接货主。由于竞争激烈，这部分利润非常有限。

一方面，获得一级代理资格成本较高，需要占用大量的资金。一级代理为了能从航空公司拿到主运单，能在航空公司包板，除了要有相当的货量作筹码，并要向航空公司交纳一笔数目不菲的保证金外，参加国际航协（IATA）的结算系统还要缴纳另外一笔保证金。

另一方面，由于成本高，一级代理的价格优势已经不明显。一级代理为保证货量，向二级代理放出的运价非常透明。这就出现一种情况：部分货量小的一级代理的成本运价比空运二代的成本运价还要高。航空公司也在控制各自代理人的数量，货量小的一级代理要面临航空公司的淘汰。

三、航空集中托运业务

（一）集中托运的概念

将若干票单独发运的、发往同一方向的货物集中起来作为一票货，填写一份总运单发运到同一到站的做法。

（二）集中托运的实际操作

第一，将每一票货物分别制定航空运输分运单，即出具货运代理的运单 HAWB（House Airway Bill）。

第二，将所有货物区分方向，按照其目的地相同的同一国家、同一城市来集中，制定出航空公司的总运单 MAWB（Master Airway Bill）。总运单的发货人和收货人均为航空货运代理公司。

第三，打出该总运单项下的货运清单（Manifest），即此总运单有几个分运单，号码各是什么，其中件数、重量各多少等等。

第四，把该总运单和货运清单作为一整票货物交给航空公司。一个总运单可视货物具体情况随附分运单（也可以是一个分运单，也可以是多个分运单）。如：一个 MAWB 内有 10 个 HAWB，说明此总运单内有 10 票货，发给 10 个不同的收货人。

第五，货物到达目的地站机场后，当地的货运代理公司作为总运单的收货人负责接货、分拨，按不同的分运单制定各自的报关单据并代为报关、为实际收货人办理有关接货送货事宜。

第六，实际收货人在分运单上签收以后，目的站货运代理公司据此向发货的货运代理公司反馈到货信息。

（三）集中托运的限制

第一，集中托运只适合办理普通货物，对于等级运价的货物，如贵重物品、危险品、活体动物以及文物等不能办理集中托运。

第二，目的地相同或临近的可以办理，如同一国家或地区，其他则不宜办理。例如不能把去日本的货发到欧洲。

（四）集中托运的特点

第一，节省运费：航空货运公司的集中托运运价一般都低空协会的运价。发货人可得到低于航空公司的运价，从而节省费用。

第二，提供方便：将货物集中托运，可使货物到达航空公司到达地点以外的地方，延伸了航空公司的服务，方便了货主。

第三，提早结汇：发货人将货物交与航空货运代理后，即可取得货物分运单，可持分运单到银行尽早办理结汇。

目前集中托运方式已在世界范围内普遍开展，形成较完善、有效的服务系统，为促进国际贸易发展和国际科技文化交流起到了良好的作用。集中托运也是我国进出口货物的主要运输方式之一。

四、航空快递业务

（一）航空快递货物运输概述

1. 航空快递的概念

航空快递业务又称航空急件传送，是目前国际航空运输中最快捷的运输方式。它是由一个专门经营快递业务的机构与航空公司密切合作，设专人用最快的速度在货主、机场、收件人之间传送急件，特别适用于急需的药品、医疗器械、贵重物品、图纸资料、货样及单证等的传送，被称为"桌到桌运输（Desk to Desk Service）"。

2. 航空快递的产生

1969 年 3 月的一天，一位美国青年在一家海运公司内等朋友，偶然得知当时正有一艘德国船只停泊在夏威夷港等待正在旧金山缮制的提单。如果通过正常的途径，提单需要一个星期才能到达那里，这个年轻人提出他愿意乘飞机将文件送到夏威夷，公司管理人员通过比较发现此举可以节约昂贵的港口使用费和滞期费用，于是将文件交给了这个年轻人，年轻人完成任务后立即联络朋友创立了世界上第一家快递公司，专门从事银行、航运文件的传送工作，后来又将业务扩大到样品等小包裹服务。由于强调快速、准确的服务，从一出现，快递业就深受从事跨国经营的贸易、金融各界的热烈欢迎，行业发展非常迅速。

（二）航空快递运输方式的分类

1. 国际快递

世界物流四大航母是：UPS（美国联合包裹），DHL（德国敦豪），FedEx（美国联邦快递），TNT（荷兰天地）。

（1）UPS（United Parcel Service）

UPS 起源于 1907 年在美国西雅图成立的一家信差公司，以传递信件以及为零售店运送包裹起家。由于以"最好的服务、最低的价格"为业务原则，逐渐在整个美国西岸打开局面。到 20 世纪 30 年代，UPS 的服务已遍布所有西部大城市，并开发了第一个机械包裹分拣系统。50 年代，UPS 取得了"公共运输承运人"的权利，将自己的包裹递送业务从零售店扩展到普通居民，从而成为美国邮政的直接竞争对手。

成立于：1907 年 8 月 28 日，华盛顿州西雅图。

全球总部：美国加州亚特兰大市

2004 年营业收入：366 亿美元

雇员人数：全球 407200（美国 348400；国际 58800）

（2）DHL

DHL 这个名称来自于三个公司创始人姓氏的首字母，他们是 Adrian Dalsey，Larry Hillblom 和 Robert Lynn。1969 年，在尼尔·阿姆斯壮迈出伟大的登月第一步的几个月后，三个合伙人也在一起迈出了一小步，这一小步对全世界的商业运作方式产生了深远的影响。DHL 是全球快递、洲际运输和航空货运的领导者，也是全球第一的海运和合同物流提供商。DHL 为客户提供从文件到供应链管理的全系列的物流解决方案。

员工：超过 285000 人

办公地点：约 6500 个

转运中心、仓库和集散站：超过 450 个

口岸：240 个

飞机：420 架

作业车辆：76200 部

国家和地区：超过 220 个

每年件量：超过 15 亿

所覆盖的目的地：120000

（3）FedEx

联邦快递隶属美国联邦快递集团（FedEx Corp.），是集团快递运输业务的中坚力量。

联邦快递集团为遍及全球的顾客和企业提供涵盖运输、电子商务和商业运作等一系列的全面服务。作为一个久负盛名、全球最具规模的快递运输公司的企业品牌，联邦快递集团通过相互竞争和协调管理的运营模式，提供了一套综合的商务应用解决方案，使其年收入高达320亿美元。

联邦快递集团激励旗下超过26万名员工和承包商高度关注安全问题，恪守品行道德和职业操守的最高标准，并最大限度满足客户和社会的需求，使其屡次被评为全球最受尊敬和最可信赖的雇主。联邦快递设有环球航空及陆运网络，通常只需一至两个工作日，就能迅速运送时限紧迫的货件，而且确保准时送达。

创立时间：1971年，连续运作始于1973年4月17日

服务范围：220个国家及地区

员工数量：全球约14万名员工

运输能力：每个工作日约330万件包裹

机队：677架飞机

（4）TNT快递

TNT集团是全球领先的快递和邮政服务提供商，总部设在荷兰。

TNT快递成立于1946年，其国际网络覆盖世界200多个国家，提供一系列独一无二的全球整合性物流解决方案。此外，TNT还为澳大利亚以及欧洲、亚洲的许多主要国家提供业界领先的全国范围快递服务。

TNT拥有43架飞机、2万辆货车，全球子公司近1000家，员工超过4万人。TNT同时还拥有数量众多的技术先进的分拣中心和完善齐全的设备资源，竭诚为客户提供业界最快捷、最可信赖的门到门送递服务。

早在1988年，TNT就已进入中国市场。目前，TNT为客户提供从定时的门到门快递服务和供应链管理，到直邮服务的整合业务解决方案。TNT在中国拥有25个直属运营分支机构，3个全功能国际口岸和近3000名员工，服务范围覆盖中国500多个城市。

2. 国内快递

全国范围比较知名的公司有EMS、宅急送、顺丰速运、申通快递等。

（1）EMS

1980年7月15日，中国邮政正式开办全球邮政特快专递业务（EMS）。为进一步满足市场需求，更好地服务于客户与社会，1985年成立了中国速递服务公司。作为国家邮政局所属的专业邮政速递公司，中国速递服务公司负责全国邮政特快专递业务的生产、经营和管理。其业务范围包括：国际、国内、同城特快专递业务；国际、国内电子信函业

务；国内其他实物传递业务；物品派送同时代收货款；礼仪专递；国际、国内收件人付费等业务。公司同时提供代客报关、代客包装、代客仓储、代上保险、代发广告等延伸服务业务。

时限和安全是速递服务价值的核心。邮政速递通过创新生产作业组织，加快邮件传递速度，来满足客户多层次、多方位的需求；通过加大综合生产能力投入，采用高新技术，不断拓展服务深度、改善服务方式；通过推出 EMS "11185" 特服电话，实行门到门、桌到桌的一条龙服务，来改善服务质量，提高服务水平。

目前，公司与世界上 200 多个国家和地区建立了业务关系、在国内近 2000 个城市开办了业务；拥有一支 2 万余人的专职员工队伍，及 1 万余部专用揽收、投递、运输机动车辆；建设了以国内 318 个城市为核心的计算机跟踪查询网络；在全国若干中心城市建设了快件进出口海关监管中心，2 万余平方米的上海邮政速递处理中心正式投入运营、3 万平方米的北京邮政速递处理中心和 3.7 万平方米的广州速递邮件处理中心已经开工建设；广泛开展国际合作，与国际大型快递公司结成合作伙伴……所有这些，并依托邮政基础设施，特别是邮政航空公司的鼎力支持，中国 EMS 已成为具有优良信誉、闻名遐迩的邮政重点业务公司。并已累计完成业务量约 11.5 亿件，实现业务收入 410 亿元。

（2）宅急送

1994 年 1 月 18 日 "北京双臣快运有限公司" 成立，"宅急送" 的商号和圆形猴标源于陈平总裁在日本留学工作时的构想。
1995 年 10 月 15 日，日本长野县一城运输（株）小林利夫先生加盟，成立 "北京双臣一城快运有限公司"，使宅急送的业务配送范围和专业技术都有了一个质的飞跃。由北京、上海、广州、沈阳、成都、武汉、西安等 7 家全资子公司及全国 150 余家分公司、营业厅和 180 余家合作公司组成的 "宅急送快运网络"，使公司的快运业务覆盖了全国 2000 多个城市和地区；使异地发货、到付结算成为现实，最大程度上满足了客户的需求。

宅急送非常重视信息技术在快运业中的重要性，率先搭建了 "宅急送物流信息网络平台"，使传统的开单、查询、结账等业务可轻松在网上完成。货物条码跟踪技术（Bar－Code）和车辆全球卫星定位系统（GPS）的采用以及全国公司企业资源管理系统（ERP）的建立，在确保运营快速、准时的基础上，使宅急送公司从一个以卡车为主的传统快递公司向以信息技术为主的航空快运公司过渡。

高效的业务系统、完善的信息传递，依托庞大的中国航空货运网络，使宅急送创造了高速、准时的业务声誉。"24 小时全国门到门" 快运服务成为宅急送的精品项目。同时提供异地调货、异地付款、仓储、分拣、包装、派送一条龙。

2005 年末，宅急送企业总资产过 3 亿元，分支机构 210 家，员工 8000 名，车辆1500 台，网络覆盖全国 2000 多个城市。年货物周转量超过 4000 万件，年营业额 6 亿元，年递增率超过 60%。宽松、民主、和谐的企业氛围和严谨、细致、高效的工作作风造就了一批批忠于职守、精通业务的人才。优秀的企业文化孕育出来的宅急送人以 "不言实行，忠效为先"的精神，挑起了中国快运追赶世界水平的重任。

（3）顺丰速运

顺丰速运（集团）有限公司（以下简称顺丰）成立于 1993 年 3 月，是一家主要经营国际、国内快递业务的港资快递企业，为广大客户提供快速、准确、安全、经济、优质的专业快递服务。

顺丰以"成就客户，推动经济，发展民族速递业"为自己的使命，积极探索客户需求，不断推出新的服务项目，为客户的产品提供快速、安全的流通渠道。

为了向客户提供更便捷、更安全的服务，顺丰速运网络全部采用自建、自营的方式。经过十几年的发展，顺丰已经拥有 6 万多名员工和 4000 多台自有营运车辆，30 多家一级分公司，2000 多个自建的营业网点，服务网络覆盖 20 多个省、直辖市和香港、台湾地区，100 多个地级市。

（4）申通快递

上海盛彤实业有限公司成立于 1993 年，注册于松江区小昆山秦安街 18 号小昆山经济区，是一家以经营快递为主的国内合资（民营）企业。

目前申通快递的主要经营地处于上海市青浦区北青公路 6186 号。总部现有员工近千人，下设上海公司、战略发展部、信息技术部、网络管理部、营运部、客户服务部、财务部、综合管理部、市场拓展部、国际部、航空部、市内部和上海各区县公司等部门。

申通快递分别在全国各省会城市（除台湾）以及其他大中城市建立起了 800 多个分公司，吸收 1100 余家加盟网点，全网络有员工 2 万多人。

申通快递自 1993 年成立以来，已经成为国内速递领域最具影响力的民营企业之一，在全国范围内形成了流畅的速递网络，并与港澳地区和国外大城市建立了业务联系。

目前的经营产品主要分为三部分，即市内件、省际件和国际件。

3. 同城快递

市内速递公司主要有久久星、小红马、全日通等等。市内快递公司数量特别大，速度也比较快，但是主要局限在同城。

（三）航空快递的主要业务形式

1. 门/桌到门/桌（Door/Desk to Door/Desk）

门/桌到门/桌的服务形式也是航空快递公司最常用的一种服务形式。

首先由发件人在需要时电话通知快递公司，快递公司接到通知后派人上门取件，然后将所有收到的快件集中到一起，根据其目的地分拣、整理、制单、报关，发往世界各地，到达目的地后，再由当地的分公司办理清关、提货手续，并送至收件人手中。在这期间，客户还可依靠快递公司的电脑网络随时对快件（主要指包裹）的位置进行查询，快件送达之后，也可以及时通过电脑网络将消息反馈给发件人。

2. 门/桌到机场（Door/Desk to Airport）

与前一种服务方式相比，门/桌到机场的服务指快件到达目的地机场后不是由快递公司去办理清关、提货手续并送达收件人的手中，而是由快递公司通知收件人自己去办理相关手续。采用这种方式的多是海关当局有特殊规定的货物或物品。

3. 专人派送（Courier on Board）

所谓专人派送是指由快递公司指派专人携带快件在最短时间内将快件直接送到收件人手中。这是一种特殊服务，一般很少采用。

在以上三种服务形式中，门/桌到机场形式对客户来讲比较麻烦，专人派送最可靠，最安全，同时费用也最高。而门/桌到门/桌的服务介于上述两者之间，适合绝大多数快件的运送。

（四）航空快递的特点

航空快递在很多方面与传统的航空货运业务、邮政运送业务有相似之处，但作为一项专门的业务它又有独到之处，主要表现在：

1. 收件的范围不同

航空快递的收件范围主要有文件和包裹两大类。其中文件主要是指商业文件和各种印刷品，对于包裹一般要求毛重不超过 32 千克（含 32 千克）或外包装单边不超过 102 厘米，三边相加不超过 175 厘米。近年来，随着航空运输行业竞争更加激烈，快递公司为吸引更多的客户，对包裹大小的要求趋于放松。而传统的航空货运业务以贸易货物为主，规定每件货物体积不得小于 5 厘米×10 厘米×20 厘米。邮政业务则以私人信函为主要业务对象，对包裹要求每件重量不超过 20 千克，长度不超过 1 米。

2. 经营者不同

经营国际航空快递的大多为跨国公司，这些公司以独资或合资的形式将业务深入世界各地，建立起全球网络。航空快件的传送基本都是在跨国公司内部完成。而国际邮政业务则通过万国邮政联盟的形式在世界上大多数国家的邮政机构之间取得合作，邮件通过两个以上国家邮政当局的合作完成传送。国际航空货物运输则主要采用集中托运的形式，或直接由发货人委托航空货运代理人进行，货物到达目的地后再通过发货地航空货运代理的关系人代为转交货物到收货人的手中。业务中除涉及航空公司外，还要依赖航空货运代理人的协助。

3. 经营者内部的组织形式不同

邮政运输的传统操作理论是接力式传送。航空快递公司则大多采用中心分拨理论或称转盘分拨理论组织起全球的网络。简单来讲就是快递公司根据自己业务的实际情况在中心地区设立分拨中心（Hub）。各地收集起来的快件，按所到地区分拨完毕，装上飞机。当晚各地飞机飞到分拨中心，各自交换快件后飞回。第二天清晨，快件再由各地分公司用汽车送到收件人办公桌上。这种方式看上去似乎不太合理，但由于中心分拨理论减少了中间环节，快件的流向简单清楚，减少了错误，提高了操作效率，缩短了运送时间，被事实证明是经济、有效的。

4. 使用的单据不同

航空货运使用的是航空运单，邮政使用的是包裹单，航空快递业也有自己的独特的运输单据——交付凭证（Proof of Delivery，POD）。交付凭证一式四份。第一联留在始发地并用于出口报关；第二联贴附在货物表面，随货同行，收件人可以在此联签字表示收到货物（交付凭证由此得名），但通常快件的收件人在快递公司提供的送货记录上签字，而将此联保留；第三联作为快递公司内部结算的依据；第四联作为发件凭证留存发件人处，同时该联印有背面条款，一旦产生争议时可作为判定当事各方权益，解决争议的依据。

5. 航空快递的服务质量更高

主要体现在：

（1）速度更快。航空快递自诞生之日起就强调快速的服务，速度又被称为整个行业生存之本。一般洲际快件运送在1—5天内完成；地区内部只要1—3天。这样的传送速度无论是传统的航空货运业还是邮政运输都是很难达到的。

（2）更加安全、可靠。因为在航空快递形式下，快件运送自始至终是在同一公司内部完成，各分公司操作规程相同，服务标准也基本相同，而且同一公司内部信息交流更加方便，对客户的高价值易破损货物的保护也会更加妥帖，所以运输的安全性可靠性也更好。与此相反，邮政运输和航空货物运输因为都牵扯到不止一位经营者，各方服务水平参差不齐，所以较容易出现货损货差的现象。

（3）更方便。确切地说航空快递不止涉及航空运输一种运输形式，它更像是陆空联运，通过将服务由机场延伸至客户的仓库、办公桌，航空快递真正实现了门到门服务，方便了客户。此外，航空快递公司对一般包裹代为清关，针对不断发展的电子网络技术又率先采用了EDI（电子数据交换）报关系统，为客户提供了更为便捷的网上服务，快递公司特有的全球性电脑跟踪查询系统也为有特殊需求的客户带来了极大的便利。

当然，航空快递同样有自己的局限性。如快递服务所覆盖的范围就不如邮政运输广泛。国际邮政运输综合了各国的力量，可以说有人烟的地方就有邮政运输的足迹，但航空快递毕竟是靠某个跨国公司的一己之力，所以各快递公司的运送网络只能包括那些商业发达、对外交流多的地区。

（五）我国快递业面临的几个问题

全球经济一体化的大潮波涛汹涌，势不可挡，谁能把物流、信息流、资金流汇集一处，并牢牢把握，谁就能在竞争中多几分胜算。未来我国快递业的发展，要以速度为魂，并解决好以下三大问题：

1. 货运与客运必须分离

目前，航空公司实行的运输方式是客货混载，顾客的数量是确定飞机的重要参数，此外，还要考虑顾客行李的数量，才能计算出实载的货量。有限的搭载货量分配到众多的航空货运代理处，已经是杯水车薪，不能满足大批急货的发送需求。各航空货运代理和快递公司已经把配送货物的量称为上站能力，并把上站能力列入最重要的工作内容。因此，找关系、请客送礼争搭载额的现象司空见惯。

要从根本上清除这种现象，航空公司的货运与客运必须分离。这不仅是满足众多快递公司的迫切需求，同时也是航空公司参与市场竞争必须迈出的一步。中国邮政租用飞机、UPS 货机直飞北京都说明了这种需求的急迫性。2007 年年初，铁道部有关人士表示，一年后全国 14 个铁路局都将组建客运公司，迈出"网运分离、客货运分离"改革的第一步，构建真正的铁路运输系统。铁道部已经意识到这个问题的重要性。那么，作为航空公司的"航老大"，又该何去何从呢？

2. 快递业必须加强信息化建设

我国加入 WTO 后，随着国外快运巨头的进入，加强我国快递业信息化建设已是大势所趋。然而，由于我国快递业落后的现状及资金的匮乏，使得我国快运业在进行信息化建设方面难度较大。宅急送作为民营快运企业的代表，已率先投资数百万元，建立了 ERP 操作平台，客户可通过互联网登录宅急送网站，利用 ERP 查询货物运行和签收相关信息，并在网上通过先进的 GPS，查询车辆在全国的具体位置，实现了无论货物在何处，客户都能了如指掌。

3. 速递业的网络必须星罗棋布

快递公司运送货物之所以快，就是因为有健全的网络，网络的覆盖范围必须涵盖客户业务要求的每一个区域，这就要求快递业要有星罗棋布的网络配套，才能满足客户的要求。目前，宅急送公司在全国已设有 40 多个直属分支机构，遍布广州、上海、天津、西安、沈阳、大连、青岛、厦门等省会城市及沿海开放城市。同时还有大大小小的合作网络 100 余家，网络覆盖范围达 500 多个城市，以满足客户的发货、派送、异地调货、到货付款等服务需求。宅急送的网络结构分为四级网络，即子公司、分公司、营业所、营业厅。子公司是按照我国的地理位置并结合宅急送的实际，设立的以东北、华北、华中、华南、西北为中心的七大子公司；分公司以子公司为中心向周边区域扩展或延伸；营业所和营业厅位于比较繁华的地段，主要为了方便客户，并能提高派送及取货速度。

无论是星罗棋布的网络、ERP 操作平台，以及未来的客货运分离，都是围绕速度进行的。因为在竞争日趋激烈的市场，速度是客户要求航空公司、快递公司的最基本条件，也是速递业制胜的根本法宝。

五、航空货运进出口业务

（一）航空货物收运的条件

1. 航空货物收运的一般规定

（1）根据中国民航各有关航空公司的规定，托运人所交运的货物必须符合有关始发、中转和到达国家的法令和规定以及中国民航各有关航空公司的一切运输规章。

（2）凡中国及有关国家政府和空运企业规定禁运和不承运的货物，不得接受。

（3）托运人必须自行办妥始发海关、检疫等出境手续。中国民航各空运企业暂不办理"货款到付（COD）"业务。

（4）货物的包装、重量和体积必须符合空运条件。

2．价值限制

每批货物（即每份货运单）的声明价值不得超过10万美元或其等值货币（未声明价值的，按毛重每公斤20美元计算）。超过时，应分批交运（即分两份或多份货运单）；如货物不宜分开，必须经有关航空公司批准后方可收运。

3．付款要求

（1）货物的运费可以预付，也可以到付，但需注意：①货物的运费和声明价值费，必须全部预付或全部到付。②在运输始发站发生的其他费用，必须全部预付或全部到付；在运输途中发生的费用应到付，但某些费用，如政府所规定的固定费用和机场当局的一些税收，如始发站知道时，也可以预付；在目的地发生的其他费用只能全部到付。

（2）托运人可用下列付款方式向承运人或其代理人支付运费：人民币现金（或中国人民银行国内支票）〔注：代理人不得接受托运人使用旅费证（MCO）或预付票款通知单（PTA）作为付款方式。〕

（二）航空货物包装

对包装器的质量要求包括：

1．纸箱

应能承受同类包装货物码放3米或4层的总重量。

2．木箱

厚度及结构要适合货物安全运输的需要；盛装贵重物品、精密仪器、易碎物品的木箱，不得有腐蚀、虫蛀、裂缝等缺陷。

3．条筐、竹篓

编制紧密、整齐、牢固、不断条、不劈条，外形尺寸以不超过50厘米×50厘米×60厘米为宜，单件毛重以不超过40千克为宜，内装货物及衬垫材料不得漏出。应能承受同类货物码放3层高的总重量。

4．铁桶

铁皮的厚度应与内装货物重量相对应。单件毛重25—100千克的中小型铁桶，应使用0.6—1.0毫米的铁皮制作，单件毛重在101—180千克的大型铁桶，应使用1.25—1.5毫米的铁皮制作。

（三）航空货物标记

货物标记是贴挂或书写在货物外包装上的发货标记、货物标贴及指示标志的总称，它对准确地组织货物运输，防止发货差错事故，提高运输质量都有很重要的作用。

1．发货标记

（1）货物到达地点、收货人名称、地址。

（2）货物出发地点、托运人名称、地址。

（3）货物特性和储运注意事项（如"小心轻放"、"防压"等）。

（4）货物批号、代号等。

若托运人利用旧包装时，必须除掉旧包装上的残旧标志和标贴。

如包装表面下不便于书写，可写在纸板、木牌、布条等上再钉、拴在包装外。

2. 货物标签

运输部门印刷的专为标明货物的起讫地点、货运单号、件数、重量的标记，叫做货物标签。

民航目前常用的运输标签有两种：

一种是粘贴用的软纸运输标签，适用于可贴的货物包装。

一种是悬挂用的硬纸运输标签，适用于不宜使用软纸标签的货物包装，如布、麻、草袋及筐、箩等。

3. 指示标志

表明货物特性和储运注意事项的各类标记，称为运输标贴，它的图形、名称、尺寸、颜色由国家统一规定，适用于水、陆空运输，托运人和承运人均须按国家规定的标准制作和使用。

（1）包装储运指示标志：此类标志适用于在储运中怕湿、怕震动等有特殊要求货物的外包装（如"防湿"、"小心轻放"等）。

（2）危险货物包装标志：此类标志适用于危险货物的外包装。如易燃品、放射性物品等。

（四）航空货运进出口业务程序

1. 进口程序

（1）代理预报。

在国外发货前，由国外代理公司将运单、航班、件数、重量、品名、实际收货人及其他地址、联系电话等内容发给目的地代理公司。

（2）交接单、货。

航空货物入境时，与货物相关的单据也随机到达，运输工具及货物处于海关监管之下。货物卸下后，将货物存入航空公司或机场的监管仓库，进行进口货物舱单录入，将舱单上总运单号、收货人、始发站、目的站、件数、重量、货物品名、航班号等信息通过电脑传输给海关留存，供报关用。同时根据运单上的收货人地址寄发取单、提货通知。

交接时做到单、单核对，即交接清单与总运单核对；单、货核对，即交接清单与货物核对。

（3）理货与仓储。

理货：逐一核对每票件数，再次检查货物破损情况，确有接货时未发现的问题，可向民航提出交涉；按大货、小货、重货、轻货、单票货、混载货、危险品、贵重品、冷冻品、冷藏品分别堆存、进仓；登记每票货储存区号，并输入电脑。

仓储：注意防雨、防潮；防重压；防变形；防变质；防暴晒；独立设危险品仓库。

（4）理单与到货通知。

理单：集中托运，总运单项下拆单；分类理单、编号；编制种类单证。

到货通知：尽早、尽快、妥当地通知货主到货情况。

正本运单处理：电脑打制海关监管进口货物入仓清单一式五份，用于商检、卫检、动检各一份，海关二份。

（5）制单、报关。

制单、报关、运输的形式：货代公司代办制单、报关、运输；货主自行办理制单、报关、运输；货代公司代办制单、报关，货主自办运输；货主自行办理制单、报关后，委托货代公司运输；货主自办制单，委托货代公司报关和办理运输。

进口制单：长期协作的货主单位，有进口批文、证明手册等放于货代处的，货物到达，发出到货通知后，即可制单、报关，通知货主运输或代办运输；部分进口货，因货主单位缺少有关批文、证明，亦可将运单及随机寄来单证、提货单以快递形式寄货主单位，由其备齐有关批文、证明后再决定制单、报关事宜；无须批文和证明的，可即行制单、报关，通知货主提货或代办运输；部分货主要求异地清关时，在符合海关规定的情况下，制作《转关运输申报单》办理转关手续，报送单上需由报关人填报的项目有：进口口岸、收货单位、经营单位、合同号、批准机关及文号、外汇来源、进口日期、提单或运单号、运杂费、件数、毛重、海关统计商品编号、货品规格及货号、数量、成交价格、价格条件、货币名称、申报单位、申报日期等，转关运输申报单内容少于报关单，亦需按要求详细填列。

进口报关：报关大致分为初审、审单、征税、验放四个主要环节。

报关期限与滞报金：进口货物报关期限为自运输工具进境之日起的 14 日内，超过这一期限报关的，由海关征收滞报金；征收标准为货物到岸价格的万分之五。

开验工作的实施：客户自行报关的货物，一般由货主到货代监管仓库借出货物，由代理公司派人陪同货主一并协助海关开验。客户委托代理公司报关的，代理公司通知货主，由其派人前来或书面委托代办开验。开验后，代理公司须将已开验的货物封存，运回监管仓库储存。

（6）发货、收费

发货：办完报关、报检等手续后，货主须凭盖有海关放行章、动植物报验章、卫生检疫报验章的进口提货单到所属监管仓库付费提货。

收费：货代公司仓库在发放货物前，一般先将费用收妥。收费内容有：到付运费及垫付佣金；单证、报关费；仓储费；装卸费、铲车费；航空公司到港仓储费；海关预录入、动植检，卫检报验等代收代付费；关税及垫付佣金。

（7）送货与转运

送货上门业务：主要指进口清关后货物直接运送至货主单位，运输工具一般为汽车。

转运业务：主要指将进口清关后货物转运至内地的货运代理公司，运输方式主要为飞机、汽车、火车、水运、邮政。

　　进口货物转关及监管运输：是指货物入境后不在进境地海关办理进口报关手续，而运往另一设关地点办理进口海关手续，在办理进口报关手续前，货物一直处于海关监管之下，转关运输亦称监管运输，即此运输过程置于海关监管之中。

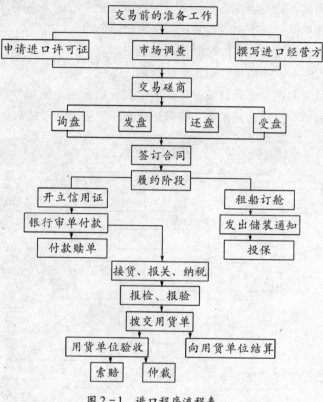

图 2-1　进口程序流程表

2. 出口程序

　　（1）接受发货人的委托，预定舱位。从发货人处取得必要的出口单据；安排运输工具取货或由发货人送货到指定地点，与单证认真核对。

　　（2）申报海关：

　　①报关单据一般为：商业发票，装箱单，商检证，出口货物报关单，有的商品则需要动植物检疫证书或产地证，出口外汇核销单，外销合同等。

　　②在海关验收完货物，在报关单上盖验收章后，缮制航空运单。

　　③将收货人提供的货物随行单据订在运单后面；如果是集中托运的货物，要制作集中托运清单，并将清单、所有分运单及随行单据装入一个信袋，订在运单后面。

　　④将制作好的运单标签贴在每一件货物上。如果是集中托运的货物，还必须有分运单标签。

　　⑤持缮制完的航空运单到海关报关放行。

　　⑥将盖有海关放行章的运单与货物一齐交与航空公司，航空公司验收单货无误，在

交接单上签字。

⑦集中托运的货物需要电传通知国外代理内容：航班号，运单号，品名，件数，毛重，收货人等。

（3）口岸外运公司与内地公司出口运输工作的衔接：

①内地公司提前将要发运货物的品名、件数、毛重及时间要求通知口岸公司，并制作分运单，与其他单据一起寄出或与货同行交给口岸公司。

②内地公司将货物按照规定的时间地点运至口岸。

③口岸公司设专人承接内地公司运交的货物。

④口岸公司负责向航空公司订舱；通知内地公司航班号、运单号或总运单号，内地公司将航班号、运单号打在分运单上；将分运单交于发货人办理结汇。

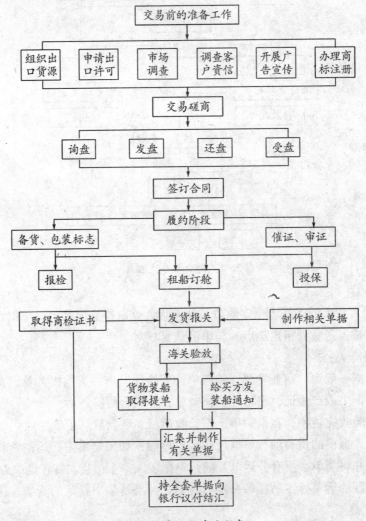

图2-2　出口程序流程表

六、航空特种货物运输

特种货物是指在收运、储存、保管、运输及交付过程中，因货物本身的性质、价值或重量等条件，需要进行特殊处理，满足特殊运输条件的货物。

（一）特种货物的常见类型

1. 鲜活易腐货物　　　　　　　　　Perishable Cargo
2. 尸体骨灰　　　　　　　　　　　Human Remains
3. 活体动物　　　　　　　　　　　Live Animal
4. 贵重物品　　　　　　　　　　　Valuable Cargo
5. 危险品　　　　　　　　　　　　Dangerous Goods
6. 超大超重货物　　　　　　　　　Outsized and Heavy Cargo
7. 个人物品　　　　　　　　　　　Personal Effects
8. 作为货物交运的行李　　　　　　Unaccompanied Baggage

（二）特种货物的运输要求

特种货物运输，除应当符合普通货物运输的规定外，应当同时遵守下列相应的特殊要求：

第一，托运人要求急运的货物，经承运人同意，可以办理急件运输，并按规定收取急件运费。

第二，凡对人体、动植物有害的菌种、带菌培养基等微生物制品，非经民航总局特殊批准不得承运。

第三，凡经人工制造、提炼、进行无菌处理的疫苗、菌苗、抗生素、血清等生物制品，如托运人提供无菌、无毒证明可按普货承运。

第四，微生物及有害生物制品的仓储、运输应当远离食品。植物和植物产品运输须具有托运人所在地县级（含）以上的植物检疫部门出具的有效"植物检疫证书"。

（三）特种货物的运输流程

1. 鲜活易腐品

鲜活易腐品是指在装卸、储存和运输过程中，由于气温变化和运输延误等因素可能导致其变质或失去原有价值的物品，此类货物归属于紧急货物，常见有：

种类		代码
鲜花	Flowers	PEF
肉类	Meats	PEM
水果蔬菜	Fruits and Vegetables	PEP
水产品	Fish/Seafood	PES
未感光胶片	Undeveloped Film	FIL
种蛋	Hatching Eggs	HEG
干冰（用于降温）	Dry ice	ICE

此一类货物运输一般规定：

（1）应保证到达时保持好的品质；

（2）需要事先订妥舱位；

（3）各类运输文件上应明显标明"Perishable"的字样；

（4）单件包装上应贴挂"Perishable"的专用标志。

2. 骨灰和灵柩

（1）骨灰的运输：

托运人必须提供卫生部门出具的死亡证明书及丧葬部门出具的火化说明书，各说明书一式两份，一份留给始发站存查，一份附在货运单后，随货物带往目的地。骨灰应当装在封闭的塑料袋或其他密封容器内，外加木盒，最外层用布包装。

在货运单上注明"急件"或加盖"急件"的字样。在货运单"储运注意事项"栏内应注明附有死亡证明书及火化证明书各一份。应填写特种货物机长通知单，事先通知机组。

骨灰可装在下货舱，也可由旅客随身携带。骨灰装机后，应在发给有关航站的载重报告中说明。

（3）灵柩托运的条件：

①托运人应当凭医院出具的死亡证明及有关部门出具的准运证明，并事先与承运人联系约定；

②尸体无传染性；

③尸体经过防腐处理，并在防腐期限以内；

④尸体以铁质棺材或木质棺材为内包装，外加铁皮箱和便于装卸的环扣。棺内敷设木屑或木炭等吸附材料，棺材应当无漏缝并经过钉牢或焊封，确保气味及液体不外溢；

⑤在办理托运时，托运人须提供殡葬部门出具的入殓证明。

3. 活体动物

活体动物的运输在整个国际航空运输中占有非常重要的地位。活体动物不同于其他货物，对环境的变化很敏感。活体动物的种类繁多，各具特性，所以在运输过程中应当要符合各国的政府规定、体现人道主义。处理活体动物的工作人员必须经过专门培训并且要熟练掌握和使用国际航机（IATA）颁布的《活体动物运输规则》（《Live Animals Regulations》）。

（1）托运人的责任。

①提供正确详尽的各类文件：进出口许可证；健康证明；活体动物检疫；禁止、限制运输的相关规定（包括活体动物的食品）。

②提供活体动物的明确声明。

③提供活体动物正确的专业名称/通俗名称。

④提交活体动物的正确数量。

⑤达到IATA《活体动物运输规则》（LAR）的各项要求。

⑥提供活体动物运输过程中所需的食物和水。

⑦提供喂食、喂水以及特殊处理的指南。

⑧确保承运人收运的活体动物处于良好的健康状态。

（2）承运人的责任。

①活体动物的包装要达到 LAR 的要求。

②向活体动物提供足够的保护。

③向各有关航站（货站）提供活体动物运输的信息。

④装舱时应分隔不相容的货物。

⑤发生运输延误应及时通知货主。

⑥确保活体动物运输所需的各类文件均已备齐。

托运人和收货人应当在机场交运和提取动物，并负责动物在运输前和到达后的保管。有特殊要求的动物装舱，托运人应当向承运人说明注意事项或在现场进行指导。

（3）在运输过程中如何正确处理活体动物各类行为特性。

在运输过程中活体动物要进入许多陌生的环境，会导致其活动行为异常，处理不当会影响活体动物的运输质量。

应采取的行动：

①足够的通风。

②尽可能地保持安静。

③充足的水。

（4）活体动物容器规定。

动物的包装，既要便于装卸又需适合动物特性和空运的要求，能防止动物破坏、逃逸和接触外界，底部应有防止粪便外溢的措施，保证通风，防止动物窒息。动物的外包装上应当标明照料和运输的注意事项。主要要求有：

①有足够的空间。

②保护动物及操作人员。

③坚固。

④刚性。

⑤不会伤及动物和飞机。

⑥合适的型号。

⑦清洁。

⑧通风良好。

⑨防漏。

⑩容器的材料是无毒无害的。

⑪容易操作。

（5）活体动物操作流程

①活体动物的接收。

②活体动物的地面操作。

③装舱。

④特殊处理。

⑤喂食喂水。

⑥通知机组。

⑦健康及卫生检疫。

⑧世界动物卫生组织（OIE）要求。

动物在运输过程中死亡，除承运人的过错外，承运人不承担责任。

4. 贵重物品

贵重物品包括：黄金、白金、铱、铑、钯等稀贵金属及其制品；各类宝石、玉器、钻石、珍珠及其制品；珍贵文物（包括书、画、古玩等）；现钞、有价证券以及毛重每公斤价值在人民币 2000 元以上的物品等。

贵重物品运输应注意以下几点。

（1）贵重物品应当用坚固、严密的包装箱包装，外加"井"字形铁箍，接缝处必须有封志。

（2）托运人交运贵重物品自愿办理声明价值。

（3）托运人托运较大批的贵重物品，出发站应优先安排直达航班运送，托运人可提出办理押运货物。

（4）为了保证贵重物品的安全运输，贵重物品收运后，应放在贵重物品仓库内，并随时记录出、入库情况。对贵重物品必须有严格的交接手续。

（5）贵重物品到达后应立即通知收货人前往机场提取。

5. 危险货物

随着民航事业的发展，航空货运量不断增加，其中危险品的运输需求也越来越多，从业人员必须掌握危险物品的相关知识。

（1）定义。

凡具有爆炸、燃烧、毒害、腐蚀、放射等性质，在航空中可能明显地危害人身健康、安全，或对财产造成损害的物质或物品。

（2）分类。

①第一类：爆炸品（1.1 项—1.6 项）。其中客机只接受 1.4S 的爆炸品，1.4 表示项别代号；S 表示 S 配装组（Safety），货运 IMP 代码：RXS。

②第二类：气体（2.1 易燃气体/2.2 不燃无毒气体/2.3 毒性气体），货运 IMP 代码分别是：RFG/RNG/RPG。

③第三类：易燃液体（3），货运 IMP 代码是：RFL。

④第四类：易燃固体（4.1）/自燃物质（4.2）/遇湿易燃物质（4.3），货运 IMP 代码分别是：RFS/RSC/RSW。

⑤第五类：氧化剂（5.1）/有机过氧化剂（5.2），货运 IMP 代码分别是

ROX/ROP。

⑥第六类：毒性物质（6.1）/感染性物质（6.2），货运 IMP 代码分别是 RPB/RIS。

⑦第七类：放射性物质（7），货运 IMP 代码是 RRW（安全等级 I 级—白色）/RRY（安全等级 II、III 级—黄色）。

⑧第八类：腐蚀物质（8），货运 IMP 代码是 RCM。

⑨第九类：其他危险品（9），一般第九大类货运 IMP 代码是 RMD；聚合物颗粒货运 IMP 代码是 RSB；干冰货运 IMP 代码是 ICE；磁性物质/货运 IMP 代码是 MAG。

此外，按危险程度/包装等级，还可分为：

①I 表示该危险物品危险程度最大，包装要求严格。

②II 表示该危险物品危险程度中等，包装要求中等严格。

③III 表示该危险物品危险程度最小，包装严格程度低。

（3）危险物品的包装。

危险物品包装的术语。

包装件（Package）：包装与内装物的统称。

包装（Packaging）：用不同的包装材料和方法完成对物品的打包。

组合包装（Combination Packaging）：由内外包装组合而成的包装。一般由木材、纤维板、金属、塑料制成的一层外包装；内装有金属、塑料、玻璃、陶瓷制成的内包装，根据不同的要求包装内还需装入衬垫和吸附材料。

单一包装（Single Packaging）：在运输过程中，不需要任何内包装来完成其盛放功能的包装，一般指钢铁、铝、塑料或其他许可的材料。

合成包装（Over Pack）：是指为了运输和装载的方便，同一托运人将若干个符合危险物品包装、标记、标签要求的包装件合成一个作业单元。

联合国规格包装（UN Specification Packaging）：经过联合国包装的试验，并保证安全达到联合国标准，包装上有联合国试验合格标志的包装。

限量包装（Limited Quantities）：是指用于危险货物数量在一定限量内的包装，没有经过联合国性能测试，其外表上没有 UN 标志，但必须达到足够强度的要求。

例外数量包装（Excepted Quantities）：某些类型的危险品运输量很小时，可以使用三层包装（内/中/外）以及吸附材料对货物进行包装，要求坚固耐用，经例外数量包装的危货物接近普货运输。

②危险物品包装的基本要求

航空运输的危险物品应当使用优质包装容器，构造严密，防止正常运输条件下由于纬度、湿度或压力的变化，或由于震动而引起渗漏。

包装容器应与内装物相适应，直接与危险物品接触不得与该危险物品发生化学反应或其他反应。

内包装应当进行固定和衬垫，控制其在外包装内的移动。衬垫和吸附材料不得与内装物发生危险反应。

危险货物除了应满足对危险货物运输包装的基本要求外，对于国际航空运输，还必须遵守 UN/IATA 对危险货物运输包装的要求。这一要求是通过符合《品名表》中的包装指令来体现的，每一危险物品的包装必须符合其包装指令的要求。

（4）运送要求。

①危险物品包装件在入库、装板及装机之前，必须由具体负责人进行认真检查，检查的标准见《危险物品运输手册》。

②装有危险品的包装件和合成包装件以及装有放射性物质的专用货箱应当按照技术细则的规定装载。

③装有液体危险物品的包装件均按要求贴有"向上"标签（有时还标有"THIS SIDE UP"）；

④为了保证人员的安全和货物的完好，某些危险物品与人之间，某些不同类别的危险物品之间，某些危险物品与其他货物之间，在存储与装载中均需隔离。

⑤标有"仅限货机"标签的危险品包装件，其装载应当使机组人员或其他经授权的人员在飞行中能够看到和对其进行处理，并且在体积和重量允许的条件下将它与其他货物分开。

⑥危险物品包装件装入机舱后，为防止损坏，装载人员应将它们在机舱内固定住，以免在飞行中出现任何移动而改变包装件的指定方向。

第四节　航空运输缩略语及代码

国际航空运输协会（IATA，International Air Transport Association）对世界上的国家、城市、机场、加入国际航空运输协会的航空公司制定了统一的编码。

一、城市代码
用三位字母表示。

二、机场代码
用三位字母表示，一般与城市代码相同。有多个机场的城市，城市代码与机场代码不同。

地区	省份	城市	机场名称	三字代码
东北地区	黑龙江	哈尔滨	太平国际机场	HRB
		齐齐哈尔	三家子机场	NDG
		牡丹江	江海浪机场	MDG
		佳木斯	东郊机场	JMU
		黑河	黑河机场	HEK
	吉林	长春	龙嘉国际机场	CGQ
		延吉	朝阳川国际机场	YNJ
		吉林	二台子机场	JIL
	辽宁	沈阳	桃仙国际机场	SHE
		大连	周水子国际机场	DLC
		锦州	小岭子机场	JNZ
		朝阳	朝阳机场	CHG
		丹东	浪头机场	DDG
华北地区	河北	石家庄	正定国际机场	SJW
		秦皇岛	山海关机场	SHP
		邯郸	邯郸机场	HDG
	北京	北京	首都国际机场	PEK
		北京	南苑机场	NAY
	天津	天津	滨海国际机场	TSN
	山西	太原	武宿国际机场	TYN
		大同	怀仁机场	DAT
		长治	王村机场	CIH
		运城	关公机场	YCU

续表：

	内蒙古	呼和浩特	白塔国际机场	HET
		包头	二里半机场	BAV
		乌兰浩特	乌兰浩特机场	HLH
		海拉尔	东山机场	HLD
		锡林浩特	锡林浩特机场	XIL
		通辽	通辽机场	TGO
		赤峰	土城子机场	CIF
		鄂尔多斯	鄂尔多斯机场	DSN
		满洲里	西郊机场	NZH
		乌海	乌海机场	WUA
华东地区	山东	济南	遥墙国际机场	TNA
		青岛	流亭国际机场	TAO
		威海	大水泊国际机场	WEH
		潍坊	潍坊机场	WEF
		烟台	莱山机场	YNT
		临沂	临沂机场	LYI
		东营	永安机场	DOY
		济宁	济宁机场	JNG
		泗水	朱安达机场	SUB
	江西	南昌	昌北国际机场	KHN
		九江	庐山机场	JIU
		赣州	黄金机场	KOW
		吉安	井冈山机场	JGS
		景德镇	罗家机场	JDZ
	安徽	合肥	骆岗机场	HFE
		黄山	屯溪机场	TXN
		安庆	天柱山机场	AQG
		阜阳	西关机场	FUG

续表：

		杭州	萧山国际机场	HGH
	浙江	温州	永强机场	WNZ
		舟山	普陀山机场	HSN
		宁波	栎社国际机场	NGB
		义乌	义乌机场	YIW
		台州	黄岩路桥机场	HYN
		衢州	衢州机场	JUZ
	江苏	南京	禄口国际机场	NKG
		徐州	观音机场	XUZ
		连云港	白塔埠机场	LYG
		盐城	南洋机场	YNZ
		常州	奔牛机场	CZX
		无锡	硕放机场	WUX
		南通	兴东机场	NTG
	上海	上海	虹桥机场	SHA
		上海	浦东机场	PVG
	福建	福州	长乐国际机场	FOC
		厦门	高崎国际机场	XMN
		泉州	晋江机场	JIN
		武夷山	武夷山机场	WUS
		连城	冠豸山机场	LCX
中南地区	广东	广州	新白云国际机场	CAN
		深圳	宝安国际机场	SZX
		珠海	三灶国际机场	ZUH
		梅县	梅县机场	MXZ
		汕头	外砂机场	SWA
		湛江	湛江机场	ZHA

续表：

		南宁	吴圩国际机场	NNG
	广西	桂林	两江国际机场	KWL
		北海	福成机场	BHY
		柳州	白莲机场	LZH
		百色	右江机场	AEB
		梧州	长洲岛机场	WUZ
	海南	三亚	凤凰国际机场	SYX
		海口	美兰国际机场	HAK
	河南	郑州	新郑国际机场	CGO
		洛阳	北郊机场	LYA
		南阳	姜营机场	NNY
	湖北	武汉	天河国际机场	WUH
		荆州	沙市机场	SHS
		宜昌	三峡机场	YIH
		襄樊	刘集机场	XFN
		恩施	许家坪机场	ENH
	湖南	长沙	黄花国际机场	CSX
		张家界	荷花大庸机场	DYG
		常德	桃花源机场	CGD
		怀化	芷江机场	HJJ
		衡阳	衡阳机场	HNY
西南地区	四川	成都	双流国际机场	CTU
		绵阳	南郊机场	MIG
		宜宾	菜坝机场	YBP
		泸州	蓝田机场	LZO
		攀枝花	保安营机场	PZI
		西昌	青山机场	XIC
		九寨沟	九寨沟黄龙机场	JZH
		南充	高坪机场	NAO
		达州	河市机场	DAX
		康定	康定机场	KGT
		广汉	广汉机场	GOQ

续表：

	重庆	重庆	江北国际机场	CKG
		万州	五桥机场	WXN
	贵州	贵阳	龙洞堡国际机场	KWE
		铜仁	大兴机场	TEN
		兴义	兴义机场	ACX
		安顺	黄果树机场	AVA
		黎平	黎平机场	HZH
		荔波	荔波机场	LBK
	云南	昆明	巫家坝国际机场	KMG
		丽江	三义机场	LJG
		大理	大理机场	DLU
		芒市	面上机场	LUM
		思茅	思茅机场	SYM
		保山	云端机场	BSD
		昭通	昭通机场	ZAT
		迪庆	香格里拉机场	DIG
		景洪	西双版纳机场	JHG
		临沧	博尚机场	LNJ
		文山	普者黑机场	WNH
	西藏	拉萨	贡嘎机场	LXA
		昌都	邦达机场	BPX
		林芝	林芝机场	LZY
西北地区	陕西	西安	咸阳国际机场	XIY
		汉中	西关机场	HZG
		延安	二十里堡机场	ENY
		安康	五里铺机场	AKA
		榆林	西沙机场	UYN
	甘肃	兰州	中川机场	LHW
		敦煌	敦煌机场	DNH
		嘉峪关	嘉峪关机场	JGN
		庆阳	西峰镇机场	IQN

续表：

		西宁	曹家堡机场	XNN
	青海	格尔木	格尔木机场	GOQ
	宁夏	银川	河东机场	INC
		乌鲁木齐	地窝堡机场	URC
		和田	和田机场	HTN
		伊宁	伊宁机场	YIN
		克拉玛依	克拉玛依机场	KRY
		塔城	塔城机场	TCG
		阿勒泰	阿勒泰机场	AAT
	新疆	阿克苏	阿克苏机场	AKU
		库尔勒	库尔勒机场	KRL
		库车	库车机场	KCA
		喀什	喀什机场	KHG
		且末	且末机场	IQM
		哈密	哈密机场	HMI
		富蕴	可托托海机场	FYN
	港	香港	赤腊角机场	HKG
	澳	澳门	澳门机场	MFM
		台北市	松山机场	TSA
		桃园县	桃园国际机场	TPE
	台湾	高雄市	小港国际机场	KHH
		台南市	台南机场	TNN
		屏东市	屏东机场	PIF
		台东市	丰年机场	TTT

三、航空公司代码

用二位字母或三位数字表示。

1. 国内航空公司

公司标志	代码	公司名称	域名
	CA	中国国际航空股份有限公司	http：//www. airchina. com. cn
	MU	中国东方航空股份有限公司	http：//www. ce-air. com

续表：

	CZ	中国南方航空股份有限公司	http：//www. cs-air. com
	HU	海南航空股份有限公司	http：//www. hnair. com
	SC	山东航空股份有限公司	http：//www. shandongair. com. cn
	FM	上海航空股份有限公司	http：//www. shanghai-air. com
	ZH	深圳航空有限责任公司	http：//www. shenzhenair. com
	3U	四川航空股份有限公司	http：//scal. com. cn
	MF	厦门航空有限公司	http：//www. xiamenair. com. cn
	BK	奥凯航空有限公司	http：//www. okair. net/
	9C	春秋航空公司	http：//www. china-sss. com/
	EU	鹰联航空有限公司	http：//www. ueair. com/
	KN	中国联合航空有限公司	http：//www. cu-air. com/
	8C	东星航空有限公司	http：//www. eaststar-air. com/
	G5	华夏航空有限公司	http：//www. chinaexpressair. com/
	8L	云南祥鹏航空有限责任公司	http：//www. luckyair. net/
	HO	上海吉祥航空有限公司	http：//www. juneyaoairlines. com/
	JD	金鹿航空有限公司	http：//www. deerjet. com/
	GS	大新华快运航空有限公司	http：//www. hna-gce. com/
	PN	西部航空有限责任公司	http：//www. chinawestair. com/
		中国邮政航空有限责任公司	http：//www. cnpostair. com/
		扬子江快运航空有限公司	http：//www. yzr. com. cn/

2. 部分国际航空公司代码

国外航空公司	英文名称	代码（二字/三字）
美洲航空公司	AMERICAN AIRLINES INC.	AA/AAL
联合航空公司（美国）	UNITED AIRLINES INC.	UA/UAL
美国航空公司	U. S. AIR	US/USA
加拿大航空公司	AIR CANADA	AC/ACA
加拿大国际航空有限公司	CANADIAN AIRLINES INTERNA-TIONAL LTD.	CP/CDN
俄罗斯国际航空公司	AEROFLOT-RUSSIAN INTERNATIONAL	SU/AFL
欧洲航空公司（意大利）	AIR EUROPE SPA	PE/AEL
法国航空公司	AIR FRANCE	AF/AFR
空中客车航空工业公司（法国）	AIRBUS INDUSTRIE	7X/AIB
荷兰泛航航空公司	TRANSAVIA HOLLAND B. V.	HV/TRA
荷兰皇家航空公司	K. L. M. ROYAL DUTCH AIRLINES	KL/KLM
柏林航空公司（德国）	AIR BERLIN, INC.	AB/BER
汉莎航空公司（德国）	DEUTSCHE LUFTHANSA, A. G.	LH/DLH
芬兰航空公司	FINNAIR O/Y	AY/FIN
北欧航空公司（瑞典）	SCANDINAVIAN AIRLINES SYSTEM	SK/SAS
瑞士航空公司	SWISSAIR (SOCIETE ANONYME SUIS-SEPOUR LA NAVIGATION AERIENNE)	SR/SWR
英国航空公司	BRITISH AIRWAYS	BA/BAW
伦敦国际航空公司（英国）	AIR LONDON INTERNATIONAL PLC	GG/ACG
比利时国际航空公司	AIR BELGIUM INTERNATIONAL	AJ/ABB
奥地利航空公司	AUSTRIAN AIRLINES (AUA)	OS/AUA
韩国航空公司	AIR KOREA CO. LTD	CD/AKA
韩亚航空公司	ASIANA AIRLINES	OZ/AAR
大韩航空公司（韩国）	KOREAN AIR	KE/KAL
全日空航空有限公司	ALL NIPPON AIRWAYS CO, LTD	NH/ANA
日本航空有限公司	JAPAN AIRLINES COMPANY, LTD. (JAL)	JL/JAL
马来西亚航空公司	MALAYSIAN AIRLINES SYSTEM	MH/MAS
中东航空公司	MIDDLE EAST AIRLINES-AIRLIBAN	ME/MEA
新加坡航空公司	SINGAPORE AIRLINES LIMITED	SQ/SIA

续表：

东—西方航空公司（澳大利亚）	EAST-WEST AIRLINES LTD.	EW/EWA
澳大利亚安塞特航空公司	ANSETT AIR LINES OF AUSTRALIA	AN/AAA
新西兰航空有限公司	AIR NEW ZEALAND LTD.	NZ/ANZ
南非航空公司（南非）	SOUTH AFRICAN AIRWAYS	SA/SAA
埃及航空公司	EGYPT AIR	MS/MSR
阿根廷国家航空公司	LINEAS AWREAS DEL ESTA	DO/LDE
阿根廷航空公司	AEROLINEAS ARGENTINAS	AR/ARG

四、世界国家、地区代码
用二位字母表示。

缩写	英文名称	中文名称	所属洲
CN	China	中国	亚洲
HK	Hong kong	中国香港	亚洲
MO	Macao	中国澳门	亚洲
TW	Taiwan	中国台湾	亚洲
TPE	Taipei	中国台北	亚洲
AE	United Arab Emirates	阿联酋	亚洲
AF	Afghanistan	阿富汗	亚洲
AL	Albania	阿尔巴尼亚	亚洲
AZ	Azerbaijan	阿塞拜疆	亚洲
BD	Bangladesh	孟加拉	亚洲
BH	Bahrain	巴林	亚洲
BN	Brunei	文莱	亚洲
BT	Bhutan	不丹	亚洲
ID	Indonesia	印度尼西亚	亚洲
CY	Cyprus	塞浦路斯	亚洲
IL	Israel	以色列	亚洲
IN	India	印度	亚洲
IQ	Iraq	伊拉克	亚洲
IR	Iran	伊朗	亚洲
JO	Jordan	约旦	亚洲

续表:

JP	Japan	日本	亚洲
KH	Cambodia	柬埔寨	亚洲
KP	R. O. Korea	韩国	亚洲
KR	D. P. R. Korea	朝鲜	亚洲
KW	Kuwait	科威特	亚洲
KZ	Kazakhstan	哈萨克斯坦	亚洲
LA	Laos	老挝	亚洲
LB	Lebanon	黎巴嫩	亚洲
MN	Mongolia	蒙古	亚洲
MV	Maldives	马尔代夫	亚洲
MY	Malaysia	马来西亚	亚洲
PH	Philippines	菲律宾	亚洲
PK	Pakistan	巴基斯坦	亚洲
NP	Nepal	尼泊尔	亚洲
OM	Oman	阿曼	亚洲
QA	Qatar	卡塔尔	亚洲
VN	Viet Nam	越南	亚洲
YE	Yemen	也门	亚洲
UZ	Uzbekistan	乌兹别克斯坦	亚洲
SA	Saudi Arabia	沙特阿拉伯	亚洲
SG	Singapore	新加坡	亚洲
SY	Syria	叙利亚	亚洲
TH	Thailand	泰国	亚洲
TJ	Tadzhikistan	塔吉克斯坦	亚洲
TM	Turkmenistan	土库曼斯坦	亚洲
EC	Ecuador	厄瓜多尔	南美洲
CL	Chile	智利	南美洲
AR	Argentina	阿根廷	南美洲
BO	Bolivia	玻利维亚	南美洲
BR	Brazil	巴西	南美洲
CO	Colombia	哥伦比亚	南美洲

续表：

GY	Guyana	圭亚那	南美洲
PY	Paraguay	巴拉圭	南美洲
PE	Peru	秘鲁	南美洲
UY	Uruguay	乌拉圭	南美洲
HN	Honduras	洪都拉斯	北美洲
HT	Haiti	海地	北美洲
GT	Guatemala	危地马拉	北美洲
GD	Grenada	格林纳达	北美洲
BM	Bermuda	百慕大	北美洲
BS	Bahamas	巴哈马	北美洲
CA	Canada	加拿大	北美洲
CR	Costa Rica	哥斯达黎加	北美洲
CU	Cuba	古巴	北美洲
MX	Mexico	墨西哥	北美洲
JM	Jamaica	牙买加	北美洲
US	United States	美国	北美洲
VE	Venezuela	委内瑞拉	北美洲
PA	Panama	巴拿马	北美洲
NI	Nicaragua	尼加拉瓜	北美洲
HU	Hungary	匈牙利	欧洲
HR	Croatia	克罗地亚	欧洲
IE	Ireland	爱尔兰	欧洲
LT	Lithuania	立陶宛	欧洲
LU	Luxembourg	卢森堡	欧洲
AT	Austria	奥地利	欧洲
BE	Belgium	比利时	欧洲
BG	Bulgaria	保加利亚	欧洲
CH	Switzerland	瑞士	欧洲
CZ	Czech	捷克	欧洲
DE	Germany	德国	欧洲
DK	Denmark	丹麦	欧洲

续表：

EE	Estonia	爱沙尼亚	欧洲
ES	Spain	西班牙	欧洲
FI	Finland	芬兰	欧洲
FR	France	法国	欧洲
GB	Great Britain	英国	欧洲
GR	Greece	希腊	欧洲
IS	Iceland	冰岛	欧洲
IT	Italy	意大利	欧洲
LV	Latvia	拉脱维亚	欧洲
MC	Monaco	摩纳哥	欧洲
MD	Moldova	摩尔多瓦	欧洲
MT	Malta	马耳他	欧洲
NL	Netherlands	荷兰	欧洲
NO	Norway	挪威	欧洲
PL	Poland	波兰	欧洲
PT	Portugal	葡萄牙	欧洲
RO	Romania	罗马尼亚	欧洲
RU	Russia	俄罗斯	欧洲
VA	Vatican City	梵蒂冈	欧洲
YU	Yugoslavia	南斯拉夫	欧洲
SE	Sweden	瑞典	欧洲
SK	Slovakia	斯洛伐克	欧洲
SM	San Marino	圣马力诺	欧洲
UA	Ukraine	乌克兰	欧洲
UK	England 或 United Kingdom	英国	欧洲
AU	Australia	澳大利亚	大洋洲
CK	Cook Is.	库克群岛	大洋洲
FJ	Fiji	斐济	大洋洲
GU	Guam	关岛	大洋洲
NZ	New Zealand	新西兰	大洋洲
PG	Papua New Guinea	巴布亚新几内亚	大洋洲

续表:

TO	Tonga	汤加	大洋洲
ET	Ethiopia	埃塞俄比亚	非洲
KE	Kenya	肯尼亚	非洲
LY	Libya	利比亚	非洲
MA	Morocco	摩洛哥	非洲
MG	Madagascar	马达加斯加	非洲
ML	Mali	马里	非洲
MR	Mauritania	毛里塔尼亚	非洲
MU	Mauritius	毛里求斯	非洲
MZ	Mozambique	莫桑比克	非洲
NA	Namibia	纳米比亚	非洲
NE	Niger	尼日尔	非洲
NG	Nigeria	尼日利亚	非洲
TZ	Tanzania	坦桑尼亚	非洲
TN	Tunisia	突尼斯	非洲
SN	Senegal	塞内加尔	非洲
SO	Somalia	索马里	非洲
RW	Rwanda	卢旺达	非洲
SD	Sudan	苏丹	非洲
UG	Uganda	乌干达	非洲
EG	Egypt	埃及	非洲
DZ	Algeria	阿尔及利亚	非洲
CV	Cape Verde Is.	佛得角群岛	非洲
AO	Angola	安哥拉	非洲
BI	Burundi	布隆迪	非洲
BJ	Benin	贝宁	非洲
CF	Central Africa	中非共和国	非洲
CG	Congo	刚果	非洲
BW	Botswana	博茨瓦纳	非洲
CM	Cameroon	喀麦隆	非洲
GH	Ghana	加纳	非洲

续表：

GM	Gambia	冈比亚	非洲
GN	Guinea-Bissau	几内亚	非洲
GQ	Equatorial Guinea	赤道几内亚	非洲
GA	Gabon	加蓬	非洲
ZA	South Africa	南非	非洲
ZM	Zambia	赞比亚	非洲
ZR	Zaire	扎伊尔	非洲
ZW	Zimbabwe	津巴布韦	非洲

五、货币代码

国际标准化组织（ISO）的 ISO 4217 国际标准是"货币及基金代码之表示法"（表示货币和资金的代码）。每个货币有两种代码，就是常用的三位字母代码和较少用的三位数字代码。大部分的三位字母代码是 ISO 3166—1 的二位字母代码之后加一字母（通常是货币名称的第一字母）所构成的。

常用货币的代码：

人民币　Chinense Yuan Renminbi（CNY）

港元　Hong Kong Dollar（HKD）

台币　Taiwan Dollar（TWD）

欧元　Euro（EUR）

美元　US Dollar（USD）

英镑　Great British Pound（GBP）

日元　Japanese Yen（JPY）

六、常见的航空货运操作代码

航材　Aircraft on Ground（AOG）

活动物　Live Animal（AVI）

超大货物　Outsized（BIG）

仅限货机　Cargo Aircraft Only（CAO）

外交邮袋　Diplomatic Mail（DIP）

食品　Foodstuffs（EAT）

未冲洗/未曝光的胶卷　Undeveloped/Unexposed Film（FIL）

冷冻货物　Frozen Goods（FRO）

尸体　Human Remains In coffins（HUM）

干冰　Dry Ice（ICE）

人体器官/鲜血　Living Human Organs/Blood（LHO）

报纸，杂志　Newspaper/Magazine（NWP）

有强烈异味的货物　Obnoxious Cargo（OBX）

拴挂货物　Overhang Item（OHG）

鲜花　Flowers（PEF）

肉　Meat（PEM）

易腐货物　Perishable Cargo（PER）

鱼/海鲜　Fish/Seafood（PES）

贵重物品　Valuable Cargo（VAL）

湿潮货　Shipment of Wet material not packed in water weight containers（WET）

单件150千克以上的货物　Heavy cargo，150Kgs and over per piece（HEA）

思考与练习

1. 三个航空区划是什么？
2. 航空集装箱的种类有哪些？
3. 航空货物运输的方式有哪些？
4. 包机货运业务的分类是什么？
5. 集中托运的特点有哪些？
6. 快递运输方式的分类和主要业务形式有哪些？
7. 航空货物收运的一般规定是什么？
8. 航空货物标记的种类和作用有哪些？
9. 特种货物的常见类型有哪些？

第三章 航空运费及费用收取

教学目的　1. 了解航空运价的基本概念；
2. 熟悉航空货物运价体系；
3. 理解货物运费、运价的种类及制定原则；
4. 掌握各种运价的选用，运费的计算方式；
5. 了解国际货运手册的相关规定与内容。

第一节　航空运费及费用收取概述

货物的航空运费是指将一票货物自始发地机场运输到目的地机场所应收取的航空运输费用。一般地说，货物的航空运费主要由两个因素组成，即货物适用的运价与货物的计费重量．由于航空运输货物的种类繁多，货物运输的起止地点所在航空区域不同，每种货物所适用的运价便不同。换言之，运输的货物种类和运输起止地点的 IATA 区域使航空货物运价及运费计算分门别类。同时，由于飞机业务载运能力受飞机最大起飞全重和货舱本身体积的限制，因此，货物的计算重量需要同时考虑其体积重量和实际重量两个因素。又因为航空货物运价的"递远递减"原则，产生了一系列重量等级运价，而重量等级运价的起码重量也影响着货物运费的计算。

一、基本概念

（一）运价

运价又称费率，是指单位重量的货物自始发地机场至目的地机场的航空费用，它只包括机场与机场之间的航空运输费用。运价是承运人为运输货物对规定的重量单位或货物的价值所收取的费用。

1. 航空货物运价所使用的货币

用以公布航空货物运价的货币称为运输始发地货币。货物的航空运价一般以运输始发地的本国货币公布，有的国家以美元代替其本国货币公布。以美元公布货物运价的国家规定美元为当地货币。运输始发地销售的航空货运单的任何运价、运费均应为运输始发地货币，即当地货币。

2. 货物运价的有效期

销售航空货运单所使用的运价应为填制货运单之日的有效运价，即在航空货物运价有效期内适用的运价。

3. 货物运价表信息

货物运价表包含的信息有：始发地城市全称、始发地国家二字代号、始发地城市三字代码、始发地国家的当地货币、重量单位、目的地城市全称、目的地国家二字代号、运价的生效或截止日期、集装器种类代号、备注、适用的指定商品品名编号、每千克的运价、最低运费、低于 45 千克（或大于 100 千克）以下普通货物运价、45 千克（或 100 千克）以上普通货物运价、指定商品运价与集装箱运价。

（二）航空运费

货物运费是在货物运输过程中产生的，承运人应当向托运人或者收货人收取的费用。航空运费是指将一票货物自始发地机场运输至目的地机场所应收取的航空运输费用。

由于货物的运价是指货物运输起止地点间的航空运价，所以不包括机场与市区之间、同一城市两个机场之间的地面运输费以及其他费用。

航空运费是根据适用运价所计得的托运人或收货人应当支付的每票货物的航空费用。每票货物是指使用同一份航空货运单的货物。一般来说，货物的航空运费主要由两个因素组成，即货物适用的运价与货物的计费重量。航空运费的计算公式如下：

航空运费 = 计费重量 × 适用的运价

（三）其他费用

其他费用是指由承运人、代理人或其他部门收取的与航空货物运输有关的费用。

在组织一票货物自始发地运输至目的地的全过程中，除了航空运输外，还包括货物声明价值附加费，以及货物地面运输费、退运手续费、航空货运单费、到付运费手续费、特种货物处理费、保管费等，提供这些服务的部门所收取的费用即为其他费用。如图 3 - 1 所示。

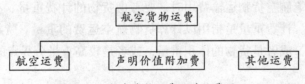

图 3 - 1　航空货物运费及其他费用

二、特点

第一，航空运价是指从运输始发地机场到达目的地机场的费用，仅指基本运费，不包括仓储等其他额外的费用。

第二，运价和费用一律用始发地当地货币单位公布，除起码运费外，运价都是以千克或磅为单位计算的。

第三，货物运价以承运人或其授权代理人签发航空货运单的时间为准。

第四，货物运价的使用，必须按照货物运输的正方向，而不能按反方向使用，只适用于单一方向，一个机场到另一个机场的运价，还必须符合货物运价规则中提出的要求和规定的条件。

第五，原则上，运价与飞机飞行线路无关，但可能因承运人选择的航路不同而受到影响。

第六，货物运价计算时，必须符合货物运价的使用顺序。应优先使用协议运价，若没有协议运价，使用公布直达运价，其次使用非公布直达运价。使用协议运价时，优先使用双边协议运价，若没有双边协议运价，则使用多边协议运价。使用公布直达运价时，优先使用指定商品运价，其次为等级货物运价，最后使用普通货物运价。使用非公布直达运价时，优先使用比例运价，其次为分段相加运价。

第七，国际航空运费中航空公司按国际航空运输协会所制定的区划费率收取。与其他运输方式不同的是，国际航空运输中运费的有关各项规章制度、运费水平都是由国际航协统一协调和制定的。

第八，如按指定商品运价、等级货物运价或者普通货物运价计算的货物运费总额低于所规定的起码运费时，按起码运费计收。

第九，航空运费的计费要同时考虑体积重量和实际重量两个因素，又因航空货运的运价实行"递远递减"的原则，产生了重量、等级运价，而重量、等级运价的起码重量又影响了货物运费的计算；还有体积重量折让比例、淡旺季调价等。因此，航空货运的计费受多种因素制约。

第十，承运货物的计费重量可以是货物的实际重量或者是体积重量，以高的为准；如果某一运价要求有最低运量，而无论货物的实际重量或者是体积重量都不能达到要求时，以最低运量为计费重量。

三、计费重量、最低运费与货币进整

（一）计费重量

在实际计算一笔航空货物运输费用时，要考虑货物的计费重量、有关的运价和费用以及货物声明价值。计费重量是指用以计算货物航空运费的重量。货物的计费重量或者是货物的实际毛重，或者是货物的体积重量，或者是较高重量分界点的重量。

1. 实际重量

实际重量也称为实际毛重，是指包括货物包装在内的货物重量，是收运货物时用衡器量得的重量。凡重量大而体积相对小的货物用实际重量作为计费重量。

具体计算方法：在国内运输中，实际重量以千克为单位，重量不足 1 千克的尾数四舍五入。每份航空货运单的货物重量不足 1 千克时，按 1 千克计算。贵重物品的实际重量以 0.1 千克为单位，0.1 千克以下四舍五入。在国际运输中，当货物的实际重量以千克表示时，重量的最小单位为 0.5 千克，小数点后不足 0.5 千克，进到 0.5 千克；大于 0.5 千克，进到 1 千克；以磅为单位时，计费重量的最小单位为 1 磅，小数点后不足 1 磅，进到 1 磅。

例如 12.3 千克 → 12.5 千克；12.6 千克 → 13.0 千克。

2. 体积重量

按照国际航协规则，将货物的体积按一定的比例折合成的重量，称为体积重量。换算标准为每 6000 立方厘米或 366 立方英寸（个别地区为 7000 立方厘米或 427 立方英寸）相当于 1 千克重量，或 166 立方英寸（个别地区为 194 立方英寸）相当于 1 磅重量。

具体计算方法：在国内运输中，长、宽、高以厘米为单位，小数部分按四舍五入取

整；体积重量以千克为单位，不足 1 千克的尾数四舍五入。在国际运输中，货物的长度单位为厘米或英寸，测量数值的小数部分按四舍五入取整；体积重量以千克表示时，重量的最小单位为 0.5 千克，小数点后不足 0.5 千克，进到 0.5 千克；大于 0.5 千克，进到 1 千克；以磅为单位时，体积重量的最小单位为 1 磅，小数点后不足 1 磅，进到 1 磅。

3. 计费重量

一架飞机所能装载的货物是受飞机的载重量和舱容量限制的。重量大、体积小的货物，往往受飞机的载重限制，而舱容量不能被填满，结果就有多余的容积未被利用，但航空公司无法再装货；对于重量轻而体积大的货物，往往会有载重量未达到额定限度而舱容量已满的情况，结果就会使多余的载重量未被利用。

一般情况下，采用货物的实际重量与货物的体积重量两者比较取高者；但当货物按较高重量分界点的较低运价计算的航空运费较低时，则此较高重量分界点的货物起始重量作为货物的计费重量。

当使用同一份运单，收运两件或两件以上可以采用同样种类运价计算运费的货物时，其计费重量规定为：计费重量为货物总的实际重量与总的体积重量两者较高者。综上所述，较高重量分界点重量也可能成为货物的计费重量。

(二) 最低运费

最低运费是指一票货物自始发地机场至目的地机场航空运费的最低限额，是航空公司承运一批货物所能接受的最低金额，是不论货物的重量或体积大小，在两点之间运输一批货物应收取的最低金额。

货物按其适用的航空运价与其计费重量计算所得的航空运费，应与货物最低运费相比，取高者。货物运输按适用运价乘以计费重量计得的货物航空运费，不管使用哪一种运价，所计算出来的运费都不能低于公布的最低航空运费。当计算出的运费少于最低运费时，则以最低运费计收。最低航空运费的类别代号为 M。

国内运输中，普通货物每份货运单的最低航空运费为 30 元人民币。等级货物最低航空运费按普通货物最低运费的 150% 计算，即按 45 元人民币收取。如经民航总局和航空公司特别批准，亦可调整某些货物或航线的最低运费。此外，在国际货物运输中，当货物的始发站至目的站没有公布的最低航空运费时，可以使用区域性最低航空运费，即规定各国至某一区域或国家的最低航空运费。

(三) 货币进整

货物航空运价及运费的货币进整，因货币的不同而不同。从 1990 年 1 月起，国际货运使用国际标准化组织制定的货币代号。货币代号通常由国家二字代号和货币简称三个字母组成。货币代号的构成形式有时也出现不规则的情况，例如 EUR 是欧元的货币代号，它打破了传统的货币代号的构成方法。

货币进整时，需将航空运价或运费计算到进整单位的下一位，然后按半数进位法进位，计算所得的航空运价或运费，达到进位单位一半则入，否则舍去。对于以 0.1、0.01、1、10 等为进位单位的货币，其货币进位就是我们常说的四舍五入。

我国货币人民币的进位规定为：最低航空运费进位单位为"5"，除此以外的运价及航空运费等的进位单位均为"0.01"。

对于以0.05、0.5、5等为进位单位的货币，计算中应特别注意其进整问题。由于世界上许多国家采用此类进位单位，在实际运输工作中，在处理境外运至我国的到付货物时，对航空货运单的审核及费用的收取，需注意此项规则。

采用进整单位的规定，主要用于填制和销售航空货运单。所使用的运输始发地货币，按照进整单位的规定计算航空运价及运费。

四、运费的收取、分摊与结算

（一）货物运费的收取

货物的运费可以预付，也可以到付，但需注意货物的航空运费和声明价值附加费，必须全部预付或全部到付。在运输始发地发生的其他费用，必须全部预付或全部到付；在运输途中发生的费用应到付，但某些费用，如政府所规定的固定费用和机场当局的一些税收，如始发地知道时，也可以预付；在目的地的其他费用只能全部到付。

中国境内，航空运费和其他费用以人民币支付。托运人应当采用下列方式支付货物运费：人民币现金、支票、旅费证。

中国境内承运人一般不办理运费到付业务，运费由托运人在托运货物时付清。发生在货物运输过程中或目的站的与运输有关的费用由收货人在提取货物前付清。

下列货物不办理货物运费到付：无价样品；鲜活易腐货；活体动物；报纸及其他印刷品；新闻图片、影片和电视片；骨灰、灵柩；礼品；酒精、饮料、食品；私人用品和家具；本身商业价值低于货物运费的货物；收货人地址为旅馆的货物；收货人为政府代理机构的货物；托运人和收货人为同一人的货物。

货物收运后，如果遇到货物运价调整，货物运费多不退，少不补。在始发站，货物未出运前，托运人如果有异议，可以办理货物退运手续，再按照调整后的货物运价重新托运货物。

确有需要定期记账的个别托运人，经承运人同意后签订协议，运费可以记账，但最少每个月结算一次。记账的货运单，应在第二联加盖"记账"的戳印。

在国际运输中，应当注意目的站所在国家有关货物运费到付业务的相关规定，如果目的站不办理此项业务，货物运费不能到付。

托运人除支付必须支付的费用外，还应保证支付因收货人原因可能使第三方蒙受的损失。航空公司有权扣押未付清上述费用的货物，并可以拍卖处理，用部分或全部拍卖收入支付费用，但是该拍卖不能免除付款不足的责任。

无论货物是否损失或是否运抵运输契约所指定的目的站，托运人或收货人应支付因承运该货物而产生的所有费用。托运人或收货人拒绝支付全部或部分费用时，承运人可以拒绝运输或交付货物。

（二）货物运费分摊

1. 定义

货物运费分摊是指由两个或者两个以上承运人，将货物从始发站运至目的站所收取的费用，即将航空运费和货物声明价值附加费，按照一定的分摊比例，计算出各个承运人所应得的收入。计算运费的分摊一般有下列资料可供参考：《航空货物运价》、《航空货运指南》、《航空公司货运分摊指南》、《货运分摊系数手册》。根据各航段的分摊系数计算出分摊比例，全程的分摊系数可在《货运分摊系数手册》中查找。

某些承运人为维护自身利益，声明某些航段不参加分摊，而要求固定收费。固定收费将从分摊额中减去，而余额部分按规定进行比例分摊。固定收费的航段不参加声明价值附加费的分摊，但并不因此而免除其赔偿责任。各承运人固定收费的要求可在《航空公司货运分摊指南》中查找。

若某个承运人连续承运两个或两个以上航段时，分摊系数应使用第一个航段始发站至最后一个航段的终止站之间的系数，而不应使用各航段系数之和。

2. 计算步骤

准确掌握货物运费分摊规则，合理安排货物运输路线，将有助于增加承运人的分摊收入。

(1) 确定被分摊额。被分摊额 = 航空运费 + 货物声明价值附加费。

(2) 检查是否有固定收费。某些承运人为维护自身利益，声明某些航段不参加货物运费分摊，而要求固定收费。固定收费的航段也不参加声明价值附加费分摊，但是并不因此而免除其赔偿责任。

(3) 分摊额。将固定收费从被分摊额中减去，余额部分按照规定进行比例分摊。如果全程运输使用最低航空收费，该最低航空运费也应当按比例进行分摊。

(4) 确定参加货物运费分摊的航程及其承运人。

(5) 确定参加分摊航程的分摊系数。如果某一承运人连续承运两个或者多个航段时，分摊系数应当使用其所承运的第一个航段的起始站至最后一个航段的终点站之间的系数，而不应该使用各个航段分摊系数之和。

(6) 计算每个承运人的货物运费分摊比例。

(7) 计算每个承运人的分摊收入。承运人的分摊收入 = 被分摊费 × 分摊比例。

(8) 对分摊收入进行调整。

3. 分批货物运费的分摊

对于分批货物运费的分摊，按照各承运人所运输的货物重量占整批货物重量的比例计算所承运航段应得的货物运费。

(三) 货物运费的结算

1. 正常情况下的运费结算

承运航空公司有权按在货运单填开之日有效的运价所计得的运费进行分摊，可以不考虑在货运单上出现的错误运价。承运人根据中转舱单结算运费，每份中转舱单至少包括以下内容：中转机场名称、货运单号码、目的站机场名称和转交货物的件数。

如果货物无人提取，交付承运人必须在制开 IRP 后 4 个月向制单承运人结算全部费用，但不包括到付手续费。结算运费时必须随附运费更改通知书（CCA）副本。

（1）运费预付时的结算。

各航段承运人有权向制单承运人开账收取所应分摊的费用。

如果在中转站产生了其他费用，并且未在货运单上注明，中转站承运人应通知交付承运人，并采用运费到付的方法向下一个航段的承运人收取费用。

（2）运费到付时的结算。

①交运承运人向接受承运人收取交接中转站之前各承运人所应得的运费、声明价值附加费、其他费用和自中转站至目的站的代理人手续费（5%）。

②如果货物分批运输，全程的运费和其他费用将由运输第一批货物至目的地站的最后一个承运人向收货人收取。

③如果货运单上的"付款方式"栏内所注明的内容与货运单下部的"Weight Charge"、"Valuation Charge"和"Other Charge"栏内所填写的内容不一致，结算运费时以货运单下部所注明的付款方式为准。

2. 变更付款方式时的运费结算

（1）由预付改为到付。制单承运人在做出更改之前，必须经交付承运人证实收货人同意支付各项费用。

（2）由到付改为预付。交付承运人在做出更改之前，必须经制单承运人证实发货人同意支付各项费用。

（3）其他承运人之间的结算应以货运单上出现的付款方式为准。

3. 运费数额发生错误时的运费结算

如果发货人在目的站提取货物时，发现货运单内注明的运费超过实际应收运费时，交付承运人可以在不通知其他承运人的情况下向收货承运人收取正确的运费数额，其他承运人应该接受交付承运人重新调整的运费。

当交付承运人发现或被通知应收取的费用高于货运单内注明的运费时，交付承运人应尽量能够向收货人补收运费差额。如果收货人拒付，交付承运人将向填开货运单的承运人开账，收取差额。

4. 货物无法交付时的运费结算

目的站填开运费更改通知单，向始发站结算所有费用。始发站负责向托运人收取到付运费和在目的站产生的其他所有费用。

第二节　航空货物运价

一、航空货物运价分类

按运价的制定划分，航空货物运价包括协议运价和公布运价。按运价的组成形式划分，航空货物运价包括公布直达运价、比例运价与分段相加运价。按货物的性质划分，航空货物运价包括普通货物运价、指定商品运价、等级货物运价和集装货物运价。

虽然航空公司大多都是 IATA 的会员，但各公司出于竞争的考虑和追求利润，很少有完全遵照国际航协运价的，大多都进行了一定的折扣。然而，IATA 把世界上各个城市之间的运价通过航空货物运价（TACT）手册公布出来，使得每个航空公司在制定自身的运价时都能找到一种参照标准。

（一）协议运价

即航空公司鼓励客户使用航空运输的一种运价。航空公司与客户签订协议，客户保证在协议期内向航空公司交运一定数量的货物，航空公司依照协议向客户提供一定数量的运价折扣，使得双方都能受益，对在一定时期内有相对稳定货源的客户比较有利。

根据所订协议的时间长短，分为长期协议和短期协议两种；根据协议约定的定价方式不同，分为协议定价和自由销售两种；协议定价又包括包板、包舱与返还。

长期协议：指航空公司与托运人或代理人签订为期一年的协议。

短期协议：指航空公司与托运人或代理人签订为期半年或半年以下的协议。

包板、包舱：指托运人在一定航线上包用承运人的全部或部分的舱位或集装器来运送货物。又分为死包和软包两种，死包板（舱）是指托运人在承运人的航线上通过包板（舱）的方式运输时，托运人无论向承运人是否交付货物，都必须支付协议上规定的运费。软包板（舱）是指托运人在承运人的航线上通过包板（舱）的方式运输时，托运人在航班起飞前 72 小时如果没有确定舱位，承运人则可以自由销售舱位，但承运人对托运人的包板（舱）的总量有一个控制。

销售量返还：指如果代理人在规定期限内完成了一定的货量，航空公司则可以按一定的比例返还运费。

销售额返还：指如果代理人在规定期限内完成了一定的销售额，航空公司则可以按一定的比例返还运费。

自由销售：又称为议价货物或一票一价，指除了订过协议的货物，都是一票货物一个定价。

（二）国际航协运价

国际航协运价是指 IATA 在 TACT 运价资料上公布的运价。国际货物运价使用 IATA 的运价手册，结合并遵守国际货物运输规划共同使用。按照 IATA 货物运价公布的形式划分，国际货物运价可分为公布直达运价和非公布直达运价两种。

1. 公布直达运价

公布直达运价是指航空公司在运价本上公布的货物从运输始发地至目的地机场间直达的运价。除最低运费外，公布的直达运价都以千克或磅为单位。公布直达运价仅是航空运输的基本运费，不包含仓储等附加费，货币单位一般以起运地当地货币单位为新途径，费率以承运人或其授权代理人签发航空运单的时间为准。公布直达运价具有方向性，是一个机场至另一个机场的运价，而且只适用于单一方向。航空运费计算时，如果遇到几种运价均可使用，优先顺序依次为：指定商品运价，等级货物运价，普通货物运价。

运价的公布形式有 N、Q 等运价结构，也有 B、K 运价结构（欧洲内特有的运价结构）。N 运价是指标准的普通货物运价，Q 运价是指重量等级运价。

指定商品运价与普通货物运价同时公布在 IATA 的运价手册中。等级货物运价计算规则在国际货物运输规划中公布，需结合 IATA 运价手册一起使用。

公布直达运价的运价结构如下表 3 - 1 所示：

表 3 - 1　直达运价结构图

Date/type	Note	Ltem	Min. weight	Local curr.
BEI JING Y. RENMINBI				
TOKYO		JP	M	230. 00
			N	37. 51
			45	28. 13
		0008	300	18. 80
		0300	500	20. 61
		1093	100	18. 43
		2195	500	18. 80

说明：

Date/type 栏——公布运价的生效或失效日期以及集装器运价代号；本栏中若无特殊标记，说明所公布的运价适用于在本手册有效期内销售的 AWB；

Note 栏——相对应运价的注释，填制货运单时，应严格按照注释所限定的内容执行；

Item 栏——指定商品运价的品名编号；

Min. weight 栏——使用相对应运价的最低重量限额；

Local curr. 栏——用运输始发地货币表示的运价或最低运费。

（1）普通货物运价。

普通货物运价是适用最为广泛的一种运价。当一批货物不能使用指定货物运价，也不属于等级货物时，就应该使用普通货物运价。

通常，各航空公司公布的普通货物运价针对所承运货物数量的不同规定几个计费重量分界点。最常见的是 45 千克分界点，将货物分为 45 千克以下的货物和 45 千克以上的货物。另外，根据航线货流量的不同还可以规定 100 千克、300 千克分界点，甚至更多。运价的数额随运输货量的增加而降低，这也是航空运价的显著特点之一。

（2）指定商品运价。

指定商品运价通常是承运人根据在某一航线上经常运输某一种类货物的托运人的请求或为促进某地区间某一种类货物的运输，经国际航协同意所提供的优惠运价，也称为特种商品运价。

（3）等级货物运价。

等级货物运价指适用于指定地区内部或地区之间的少数货物运输。通常表示为在普通货物运价的基础上增加或减少一定的百分比。

适用等级货物运价的货物通常有：活体动物、活体动物的集装箱和笼子；贵重物品；尸体或骨灰；报纸、杂志、期刊、书籍、商品目录、盲人和聋哑人专用设备和书籍等出版物；作为货物托运的行李。

其中前三项通常在普通货物运价基础上增加一定百分比；后两项在普通货物运价的基础上减少一定百分比。

（4）集装货物运价。

集装货物运价指适用于货物装入设备交运而不另加包装的特别运价。计算运费时，货物计费重量不包括集装器自身重量。集装货物运价类型包括：指定商品的集装货物运价，是只适用于指定商品集装器运输的运价；普通货物的集装货物运价，是只适用于除指定商品以外的所有货物集装器运输的运价。

2. 非公布直达运价

在 IATA 运价手册中，如果货物的始发地至目的地之间没有公布的直达运价，则要选择比例运价或利用分段运价相加的办法，组成最低的全程运价，统称非公布直达运价。

（1）比例运价。

由于无法将所有城市的运价都公布出来，为了弥补货物的始发地和目的地之间无公布直达运价的缺陷，根据运价制定的原则制定比例运价。比例运价采用货物运价手册中公布的一种不能单独使用的附加数，与公布直达运价相加，构成非公布直达运价，此运价称为比例运价。比例运价分为三类：普通货物的比例运价，指定商品的比例运价，集装箱的比例运价。

需要注意的是比例运价不能单独使用，只能用于国际货物运输，不能用于国内货物运输。在利用比例运价时，普通货物运价的比例运价只能与普通货物运价相加，等级货物运价、集装设备的比例运价也只能与同类型的直达运价相加，不能混用。此外，可以用比例运价加直达运价，也可以用直达运价加比例运价，还可以在计算中使用两个比例运价，但这两个比例运价不可连续使用。

（2）分段相加运价。

所谓分段相加运价是指在两地之间既没有直达运价也无法利用比例运价时，可以在始发地与目的地之间选择合适的计算点，分别找到始发地至该点、该点至目的地的运价，两段运价相加组成全程的最低运价。在分段相加的运价中，各段运价的货币必须统一换算成始发地国家的货币。

国际指定商品运价不可以与国际指定商品运价相加，国际等级货物运价不可以与国际等级货物运价相加。

过境运价适用于美国和加拿大之间的运输，除自加勒比地区和自/至 IATA TC3 区各点外，该运价不能与自/至加拿大的运价相加使用。

采用分段相加的方法组成全程货物运价时，要选择几个不同的货物运价组成点，将分别组成的多个货物运价相比较，取低者，作为全程货物运价。国内货物运价和国际货物运价相加组成全程货物运价时，国际货物运价适用的有关规定也同样适用于分量段相加后组成的全程货物运价。如果各段运价适用的计费重量不同，计算运费时应在货运单运价栏内分别填写。采用分段相加的方式组成的非公布直达运价可作为等级货物运价的基础。

如果运输起止地点间没有公布直达运价，运输的货物是指定商品，可以组成普通货物比例运价，但运输起止地点间可以组成，分段相加的指定商品运价，由于非相同运价种类，并且按优先使用指定商品运价的顺序，则可以使用分段相加的指定商品运价。

对于等级货物，如果是国际联运，并且联运的某一承运人在其承运航段上有特定的等级百分比时，即使有公布的 IATA 直达运价，也不可采用，必须采用分段相加的运价。

各种情况的分段相加运价，如果相加的航段采用的运价种类、计费重量等相同，则可以直接将运价相加以计算全程运费；否则将各个航段的运费计算出来后再相加，得出全程运费。

二、运价定价的原则

（一）重量分段对应运价

在每一个重量范围内设置一个运价。例如北京到纽约的运价表，如表 3-2 所示：

表 3-2　北京到纽约运价表

BEJ JING		CN	BJS
Y. RENMINBI		CNY	kg
NEW YORK	US	M	230.00
		N	37.51
		45	48.35
		100	45.19
		300	41.80

在这个运价表中，"N"表示的是标准普通货物运价，是指重量在 45 千克以下的运价为每千克人民币 66.86 元；也就是说，运价 66.86 元/千克适用的重量范围是 0—45 千克，在这个重量范围内使用的是同一个运价。

"45"、"100"、"300"几位重量等级运价，用字母"Q"表示，是指重量大于等于某个重量等级时的运价，例如"Q45"表示重量大于等于 45 千克时的运价为每千克人民币 48.35 元。

（二）递远递减原则

从表 3-2 所示的运价表中我们不难看出，从北京到纽约运输货物，45 千克以下的运价是 66.86RMB，45 千克至 100 千克是 48.35RMB，100 千克至 300 千克的运价是 45.19RMB，300 千克以上为 41.80RMB，随着所托运的货物重量的增大，运价是递减的。这就是定价原则中的数量折扣原则。通过这个原则，鼓励托运大批量货物，从而保证飞机舱位得到最大限度的利用。

（三）数量折扣原则

运距是运价制定要考虑的一个基本因素，运距越长，总成本越大，因此运价也越高。这一点，从表3-2所示的北京到纽约的运价对比也可以看出。

就运价与运距的对比数值，也就是单位距离货物的运价来说，随着运距的增加，单位运价越便宜，这就是运价递远递减原则。

（四）按货物性质分类

国际航协根据货物的性质制定了一系列在普通货物运价基础上附加或附减一定百分比形式构成的等级货物运价。例如对活体动物、尸体骨灰、贵重货物、急件等货物采取附加的形式，而对书报杂志、作为货物运输的行李等货物采取附减的形式。

三、货物运价的适用顺序

如果有协议运价，则优先使用协议运价。在相同运价种类、相同航程、相同承运人条件下，公布直达运价应按下列顺序使用：

优先使用指定商品运价。如果指定商品运价条件不完全满足，则可以使用等级货物运价和普通货物运价。

其次使用等级货物运价。等级货物运价优先于普通货物运价使用。

最后使用普通货物运价。

例外情况：

如果货物可以按指定商品运价计费并同时属于等级货物，但其重量没满足指定商品运价的最低重量要求，则用等级货物运价计费与指定商品运价计费结果相比较，取低者。

如果货物可以按指定商品运价计费，但其重量没满足指定商品运价的最低重量要求，则用普通货物运价计费与指定商品运价计费结果相比较，取低者。

如果货物属于附减的等级货物，如书报杂志类、作为货物运输的行李等，则用普通货物运价计费与等级货物运价计费结果相比较，取低者。

如果货物属于附加的等级货物，如活体动物、尸体骨灰、贵重货物等，则用普通货物运价计费与等级货物运价计费结果相比较，取低者。

当运输两点间无公布直达运价，则应使用非公布直达运价，非公布直达运价应按下列顺序使用：优先使用比例运价构成全程直达运价；当两点无比例运价时，使用分段相加方法组成全程最低运价。

四、国内航空货物运价简介

1998年9月1日起，我国民航决定按新运价结构执行国内航线货物运价。

（一）最低运费

每票国内航空货物最低运费为30元人民币。

（二）普通货物运价

普通货物运价包括基础运价和重量分界点运价。

基础运价为 45 千克以下普通货物运价，费率按照民航总局规定的统一费率执行。

重量分界点运价。45 千克以上运价由民航总局统一规定，按标准运价的 80% 执行；此外，航空公司可以根据运营航线的特点，建立其他重量分界点运价，共飞航线由运营航空公司协商协定，报民航总局批准执行。

（三）等级货物运价

急件、生物制品、植物和植物制品、活体动物、骨灰、灵柩、鲜活易腐物品、贵重物品、机械、弹药、押运货物等特种货物的国际航空运费按普通货物标准运价的 150% 计收。

（四）指定商品运价

对于一些批量大、季节性强、单位价值小的货物，航空公司可建立指定商品运价，运价优惠幅度不限，报民航总局批准执行。

第三节　普通货物运价

一、基本概念

普通货物运价，又称一般货物运价，它是为一般货物制定的，适用于计收一般普通货物的运价，也是航空货物运输中使用最为广泛的一种运价，是指除了等级货物运价和指定商品运价以外的适合于普通货物运输的运价，该运价公布在 IATA 运价手册第 4 章中。

二、运费计算

（一）基本知识

通常，普通货物运价根据货物重量不同，规定几个计费重量分界点。一般以 45 千克作为重量分界点，将普通货物运价分为：45 千克以下的普通货物运价，运价类别代号为"N"，表示为标准普通货物运价（如无 45 千克以下运价时，N 表示 100 千克以下普通货物运价）；45 千克和 45 千克以上的普通货物运价，运价类别代号为"Q"，包括如"Q45"、"Q100"、"Q300"，甚至 1000 千克和 1500 千克等不同重量等级分界点的运价。所托运的货物越多，则每千克收取的运费就越低，符合运价的"递远递减"原则。

小提示

用货物的计费重量和其普通货物运价计算而得的航空运费不得低于运价资料上公布的航空运费的最低收费标准。这时，代号"N"和"Q"主要用于填制货运单。

货物的运费一般是以货物的实际毛重量或体积重量乘以相对应的重量等级运价计得的。但由于对较高的重量等级提供较低的运价，因此，一批 40 千克重的货物按 45 千克以下的普通货物运价所计收的运费，可能反而高于一批 45 千克重的货物按 45 千克以上的一般货物运价所计收的运费。所以，当一个较高的起码重量能够提供较低的运费时，则可使用较高的起码重量作为计费重量，并使用较高的计费重量分界点的费率计收运价。这个原则也适用于那些以一般货物运价附加或附减百分比的等级运价。

（二）实际操作

1. 术语解释

Volume：体积

Volume Weight：体积重量

Chargeable Weight：计费重量

Applicable Rate：适用运价

Weight Charge：航空运费

2. 计算

例 1　Routing：BEIJING，CHINA（BJS）

　　　　　　　　to TOKYO，JAPAN（TYO）

　　　　Commodity：Sample

　　　　Gross Weight：25.2kg

　　　　Dimensions：82cm×48cm×32cm

请计算该票货物的航空运费。

公布运价如下：

BEJ JING		CN	BJS
Y. RENMINBI		CNY	kg
TOKYO	JP	M	230.00
		N	37.51
		45	28.13

解：Volume：82cm×48cm×32cm＝125952cm^3

Volume Weight：125952cm^3÷6000cm^3/kg＝20.992kg＝21.0kg（取整）

Gross Weight：25.2kg

Chargeable Weight：25.2kg

Applicable Rate：GCR N 37.51 CNY/kg

Weight Charge：25.2×37.51＝CNY945.252

航空货运单运费计算栏填制如下所示：

No. of pieces RCP	Gross Weight	kg 1b	Rate Class		Chargeable Weight	Rate/ Charge	Total	Nature and Quantity of Goods（Incl. Dimensions or Volume）
			Commodity I tem No.					
1	25.2	K	N		25.2	37.51	945.252	Sample DIMS：80cm×48cm×32cm

例2　Routing：BEIJING，CHINA（BJS）

to AMSTERDAM，HOLLAND（AMS）

Commodity：PARTS

Gross Weight：38.6kg

Dimensions：101cm×58cm×32cm

请计算该票货物的航空运费。

公布运价如下：

BEJ JING		CN	BJS
Y. RENMINBI		CNY	kg
AMSTERDAM	ML	M	320.00
		N	50.22
		45	41.53
		300	37.52

解：

（1）按实际重量计算

Volume：101cm×58cm×32cm　=187456em^3

Volume Weight：187456cm^3÷6000cm^3/kg=31.24kg=31.5kg

Gross Weight：38.6kg

Chargeable Weight：39.0kg

Applicable Rate：GCR N 50.22 CNY/kg

Weight Charge：39.0×50.22=CNY1958.58

（2）采用较高重量分界点的较低运价计算

Chargeable Weight：45.0kg

Applicable Rate：GCR Q 41.53 CNY/kg

Weight Charge：45×41.53 = CNY1868.85

两种计算方式相比较，取运费低者。

Weight Charge：CNY1868.85

航空货运单运费计算栏填制如下：

No. of pieces RCP	Gross Weight	kg 1b	Rate Class		Chargeable Weight	Rate/ Charge	Total	Nature and Quantity of Goods （Incl. Dimensions or Volume）
			Commodity I tem No.					
1	36.6	K	Q		45.0	41.53	1868.85	PARTS DIMS：101cm×58cm×32cm

例3　Routing：BEIJING，CHINA（BJS）
　　　　　　to PARIS，FRANCE（PAR）

　　　Commodity：TOY

　　　Gross Weight：5.6kg

　　　Dimensions：40cm×28cm×22cm

请计算该票货物的航空运费。

公布运价如下：

BEJ JING Y. RENMINBI		CN CNY	BJS kg
PARIS	FR	M	320.00
		N	50.37
		45	41.53
		300	37.90

解：

Volume：40cm×28cm×22cm=24640cm^3

Volume Weight：24640cm^3÷6000cm^3/kg=4.11kg=4.2kg

Gross Weight：5.6kg

Chargeable Weight：6.0kg

Applicable Rate：GCR N 50.37 CNY/kg

Weight Charge：6.0×50.37=CNY302.22

Minimum Charge：320.00CNY

Weight Charge：302.22CNY < Minimum Charge320.00CNY

所以，此票货物的航空运费应为320.00CNY

航空货运单运费计算栏填制如下：

No. of pieces RCP	Gross Weight	kg 1b	Rate Class		Chargeable Weight	Rate/ Charge	Total	Nature and Quantity of Goods（Incl. Dimensions or Volume）
			Commodity I tem No.					
1	5.6	K	M		6	320	320	TOY DIMS：40cm×28cm×22cm

第四节　指定商品运价

一、基本概念

（一）定义

指定商品运价又称特种货物运价，是指适用于自规定的始发地至规定的目的地运输特定品名货物的运价。

指定商品运价是由参加国际航空运输协会的航空公司，根据在一定航线上有经常性特种商品运输的发货人的要求或为促进某地区的某种货物的运输，向国际航空协会提出申请，经批准后而制定的。其主要目的是向发货人提供一个具有竞争性的运价，以便鼓励发货人充分使用航空公司的运力。通常情况下，指定商品运价低于相应的普通货物运价。就其性质而言，该运价是种优惠运价，运价使用期限、货物运价的最低重量起点等均有特定的条件。

使用指定商品运价计算航空运费的货物，其航空货运单的"Rate Class"一栏，用字母"C"表示。

（二）分组及品名编号

国际航空运输协会公布特种商品运价时，根据货物的性质、属性以及特点对货物进行分类。在 IATA 运价手册的第二章中，指定商品按照数字顺序被分为 10 个大组，而每一个大组又被分为 10 个小组，每个小组又再细分，每组用四位阿拉伯数字进行编号，这样几乎所有的商品都有一个对应的编号，称为品名编号。参见下表 3 - 3 相关内容。

表 3 - 3　品名编号表

品名编号	商品类型
0001—0999	食用动物产品和植物产品
1000—1999	活体动物和非食用动物及植物产品
2000—2999	纺织品、纤维及其制品
3000—3999	金属及其制品，但不包括机械、车辆和电器设备

4000—4999	机械、车辆和电器设备
5000—5999	非金属矿物质及其制品
6000—6999	化工品及相关产品
7000—7999	纸张、芦苇、橡胶和木材制品
8000—8999	科学、精密仪器、器械及配件
9000—9999	其他货物

为了减少常规的指定商品品名的分组编号，IATA 还推出了实验性的指定商品运价，该运价用9700—9799 内的数字编出，其主要特点是一个代号包括了传统指定商品运价中分别属于不同指定商品代号的众多商品品名，比如9735 这个指定商品代号就包括了属于20 多个传统指定商品运价代号的指定商品。这种方法适用于某些城市对相互之间有多种指定商品，虽品名不同但运价相同的情况。

二、使用规则

在使用指定商品运价时，需要满足以下三个条件：运输始发地至目的地之间有指定商品运价；托运人交运的货物品名与有关指定商品运价的货物名相吻合；货物的计费重量满足指定商品运价使用时的最低重量要求。

三、实际操作

（一）计算步骤

查询运价表，如有指定商品代号，则考虑使用指定商品运价；

查找 IATA 运输手册中的品名表，找出与运输货物品名相对应的指定商品运价；

若货物的计费重量超过了指定商品运价的最低重量，则优先使用指定商品运价；

若货物的计费重量没有达到指定商品运价的最低重量，则需要比较后再计算。

（二）计算方法

例1　Routing：BEIJING，CHINA（BJS）

to OSAKA，JAPAN（OSA）

Commodity：FRESH APPLES

Gross Weight：EACH 65.2kg，TOTAL 5 PIECES

Dimensions：102cm×44cm×25cm×5

请计算该票货物的航空运费。

公布运价如下：

BEJ JING Y. RENMINBI			CN CNY	BJS kg
CPALA	JP		M	230. 00
			N	37. 51
			45	28. 13
		0008	300	18. 80
		0300	500	20. 16
		1093	100	18. 43
		2195	500	18. 80

解：

查找运输手册中的品名表，品名编号"0008"所对应的货物名称为 FRUIT, VEGE-TABLE—FRESH, 现在承运的货物是 FRESH—APPLES, 符合指定商品代码"0008"，货主交运的货物重量符合"0008"指定商品运价使用时的最低重量要求。

运费计算如下：

Volume：$102cm \times 44cm \times 25cm \times 5 = 561000cm^3$

Volume Weight：$561000cm^3 \div 6000cm^3/kg = 93.5kg$

Gross Weight：$65.2 \times 5 = 326.0kg$

Chargeable Weight：326. 0kg

Applicable Rate：SCR 0008/Q300 18. 80 CNY/kg

Weight Charge：$326.0 \times 18.80 = CNY6128.80$

航空货运单运费计算栏填制如下：

No. of pieces RCP	Gross Weight	kg 1b	Rate Class		Chargeable Weight	Rate/ Charge	Total	Nature and Quantity of Goods (Incl. Dimensions or Volume)
			Commodity Item No.					
5	326. 0	K	C	0008	326. 0	18. 80	6128. 80	FRESH APPLES：$102cm \times 44cm \times 25cm \times 5$

例2　Routing：BEIJING, CHINA（BJS）
　　　　　　 to NAGOVA, JAPAN（NGO）

　　　Commodity：FRESH ORANGE

　　　Gross Weight：EACH 47. 8kg, TOTAL 6 PIECES

　　　Dimensions：$128cm \times 42cm \times 36cm \times 6$

请计算该票货物的航空运费。

公布运价如下：

BEJ JING			CN	BJS
Y. RENMINBI			CNY	kg
NAGOVA	JP		M	230.00
			N	37.51
			45	28.13
		0008	300	18.80
		0300	500	20.16
		1093	100	18.43
		2195	500	18.80

解：

1. 按普通运价使用规则计算

Volume：$128cm \times 42cm \times 36cm \times 6 = 1161216cm^3$

Volume Weight：$1161216cm^3 \div 6000cm^3/kg = 193.536kg = 194.0kg$

Gross Weight：$47.8 \times 6 = 286.8kg$

Chargeable Weight：287.0kg

分析：由于计费重量没有满足指定商品代码 0008 的最低重量要求 300kg，只能先按普通货物计算。

Applicable Rate：GCR/Q45 28.13 CNY/kg

Weight Charge：$287.0 \times 28.13 = CNY8073.31$

2. 按指定商品运价使用规则计算

Actual Gross Weight：286.8kg

Chargeable Weight：300.0kg

Applicable Rate：SCR 0008/Q300 18.80 CNY/kg

Weight Charge：$300.0kg \times 18.80 = CNY5640.00$

两种计算方式比较，取运费较低者。

Weight Charge：CNY5640.00

航空货运单运费计算栏填制如下：

No. of pieces RCP	Gross Weight	kg 1b	Rate Class		Chargeable Weight	Rate/ Charge	Total	Nature and Quantity of Goods（Incl. Dimensions or Volume）
				Commodity Item No.				
6	287.0	K	C	0008	300.0	18.80	5640.00	FRESH ORANGE：128cm × 42cm × 36cm ×6

小提示

在使用指定商品运价计算运费时，如果其指定商品运价直接使用的条件不能完全满足（例如货物的计费重量没有达到指定商品运价使用时的最低重量要求），使得按指定商品运价计得的运费高于按普通货物运价计得的运费时，则按低者收取航空运费。

四、中间点规则

尽管国际指定商品运价是在特定的点与点之间公布的，但同样适用于一个中间点或两个中间点之间。

指定商品运价的这一个中间点规则亦称为非公布的指定商品运价。当货物运输的始发地至目的地之间无指定商品运价时，将其中一点或两点作为中间点，采用其他符合条件的两点间公布的指定商品运价，计算出一个中间点或两个中间点的航空运费。

介于 IATA 的业务 TC1 区与 TC3 区之间，西南太平洋和南亚次大陆始发除外。

公布的指定商品运价在同时满足下列三个条件的情况下，同样适用于中间点：

中间点必须和指定商品运价的公布地点在同一个国家内；

自实际始发地和实际目的地的标准普通货物运价不高于指定商品运价公布地点间的 N 运价；

中间点无指定商品运价。

小提示

我国能使用中间点规则的范围仅限于我国与 IATA 的 TC1 区。

五、指定商品运价分类及使用顺序

在始发地和目的地之间既有确指品名的指定商品运价，又有泛指品名的指定商品运价时，如果货物的重量满足确指品名运价的最低重量要求，则优先使用确指品名的指定商品运价，尽管计得的航空运费较高。如果货物的重量没有满足确指品名运价最低重量要求，则可以考虑使用泛指品名的指定商品运价。被选用的泛指品名运价必须同时满足三个条件：泛指品名要求的最低重量低于确指品名要求的最低重量；泛指品名的运价高于确指品名的运价；用泛指品名的指定商品运价计得的航空运费低于用确指品名运价计得的航空运费。

例　Routing：DUBAI, UNITED EMIRATES（DXB）

　　　　　　to GLASGOW, U.K（GLA）

Commodity：CARPET

Gross Weight：430.0kg

Dimensions：81cm×72cm×63cm×4

请计算该票货物的航空运费。

公布运价如下：

DUBAI		AE	DXB
UAE Dirham		AED	kg
EDINBURGH	GB	M	190.00
		N	31.45
		45	23.75
		100	14.40
		500	11.53
	2199	250	10.55
	2199	500	9.05
	2865	500	10.00

解：

查找运输手册中的品名表，品名编号"2865"所对应的货物名称为 CARPET，但货物重量没有满足"2865"指定商品运价使用时的最低重量 500 千克的要求。品名编号"2199"对应的货物名称为"TEXTILES"，因此，"2199"属于泛指品名。

运费计算如下

1. 泛指品名

Volume：$81cm \times 72cm \times 63cm \times 4 = 1469664cm^3$

Volume Weight：$1469664cm^3 \div 6000cm^3/kg = 244.94kg = 245.0kg$（取整）

Gross Weight：430.0kg

Chargeable Weight：430.0kg

Applicable Rate：SCR 2199/Q250 10.55 AED/kg

Weight Charge：$430.0 \times 10.55 = AED4536.50$

2. 确指品名

Chargeable Weight：500.0kg

Applicable Rate：SCR 2865/Q500 10.00 AED/kg

Weight Charge：$500.0 \times 10.00 = AED5000.00$

对比两种计算方式，取运费较低者，运费为 AED4536.50。

航空货运单运费计算栏填制如下：

No. of pieces RCP	Gross Weight	kg 1b	Rate Class		Chargeable Weight	Rate/ Charge	Total	Nature and Quantity of Goods (Incl. Dimensions or Volume)
				Commodity Item No.				
4	430.0	K	C	2199	430.0	10.55	4536.50	CARPET：$81cm \times 72cm \times 63cm \times 4$

第五节　等级货物运价

一、基本概念

等级货物运价是指规定地区或地区之间的指定等级的货物所适用的运价，它是对某种特定的商品或货物在普通货物运价的基础上进行提价或优惠的价格。

等级货物运价大致分为两种：一是等级运价加价，用"S"表示，适用商品包括活体动物、贵重物品、尸体骨灰等。这些物品的运价是在普通货物运价的基础上增加一定的百分比。二是等级运价减价，用"R"表示，适用于报纸杂志、书籍等出版物以及作为货物托运的行李。

二、使用规则

等级货物运价是在普通货物运价基础上附加或附减一定百分比的形式上构成的，此种附加或附减的规则公布在 IATA 的运价手册中，运价的使用和运费的计算必须结合国际货物运输规划一同使用。

IATA 规定，对于等级货物运输，如果属于国际联运，并且参加联运的某一承运人对其承运的航段有特殊的等级货物百分比，即使运输起止地点间有公布的直达运价，也不可以直接使用。此时，应采用分段相加的办法计算运输始发地至运输目的地的航空运费。

（一）报纸、杂志、图书、盲人读物的运价

在 IATA 的 TC1 区内，按普通货物 45 千克以下运价的 67% 收取；

在 IATA 的 TC1 区和 IATA 的 TC2 区之间的航程，按普通货物 45 千克以下运价的 67% 收取；

其他航线及区域，按普通货物 45 千克以下运价的 50% 收取；

最低运费按普通货物的最低运费 M 收取；

可以使用普通货物较高重量点的较低运价。

（二）作为货物运输的行李的运价

作为货物运输的行李指个人衣服和个人物品，包括手提乐器、手提电脑、手提体育用品，但不包括机器及其零配件、现金、债券、珠宝、手表、金银及镀金镀银器皿、毛皮、胶卷、照相机、客票、文件、药剂、香料、家具、日用品及样品。

作为货物运输的行李的运价适用条件如下：

使用该运价运输的行李航程必须包括在旅客所持客票的航程内；

旅客交运行李的时间不得晚于旅客出行的时间；

旅客的客票号、航班号、日期等旅行信息必须填写到航空货运单上；

旅客必须做一个行李内容的申报，完成行李发运、海关所要求的文件，负责行李到付、交付以及海关的额外费用；

运输行李的航班由承运人决定；

作为货物运输的行李运价不得与45千克以下普通货物运价或指定商品运价相加。

作为货物运输的行李运价为：

作为货物运输的行李运价，按普通货物45千克以下运价的50%收取，上述折扣运价，货物的计费重量不可小于10千克；

根据普通货物运价计得的运费低于按上述规定计得的运费时，应采用较低的运价；

计得的运费如低于公布的最低运费M，则按M收取；

运价的适用范围：在IATA的TC2区内、在IATA的TC3区内、在IATA的TC2区与IATA的TC3区之间、在IATA的TC1区与IATA的TC2区之间、在IATA的TC1区与IATA的TC3之间的航线不能使用等级货物折扣运价，应采用普通货物运价。

小提示

中国至TC1区运输的此类货物，不属于该　　商品运价。
等级货物的范畴，应采用普通货物运价或指定

（三）活体动物的运价

不管重量多少，一律采用普通45千克以下运价，如没有45千克以下运价，则可以采用普通货物100千克以下运价，不能用较高重量点较低运价；

适用普通货物45千克以下或45千克以上运价，即使有较高重量点较低运价，也不可使用；

使用货物重量所适用的普通货物运价；

按相应的普通货物运价附加一个百分比使用；

动物容器、食物均应包括在货物的计费重量之内；

活体动物最低运费的收费标准为：IATA的TC1区内，以及IATA的TC2区与IATA的TC3区之间，IATA的TC1区与IATA的TC3区之间，对应M的200%；IATA的TC3区至美国，对应M的110%；美国至IATA的TC3区，IATA的TC3区与加拿大之间，对应M的150%。

（四）贵重货物运价

贵重货物为每千克申报价值大于或等于1000美元的任何货物，包括：金块、金币等各种形状的黄金制品，现钞、证券、股票、旅行支票、邮票及银行发行的各种卡类，钻石、宝石、珍珠及以上各种质地的珠宝饰物，镶有珠宝和金、银、铂的手表，金、铂制品。

贵重物品按45千克以下普通货物运价的200%收取；

从法国始发的按45千克以下普通货物运价的250%收取；

从俄罗斯始发的，除至美国和加拿大，按45千克以下普通货物运价的300%收取；

IATA 的 TC1 区与 IATA 的 TC3 区之间的经北或中太平洋，1000 千克或 1000 千克以上贵重货物的运价按 45 千克以下的普通货物运价的 150% 收取；

贵重物品最低运费按适合的最低运费的 200% 收取，同时不得低于 50 美元或其等值的货币。

（五）灵柩和骨灰的运价

灵柩按普通货物 45 千克以下运价收取，骨灰按适用的普通货物运价收取；

在 IATA 的 TC2 区内，灵柩按普通货物 45 千克以下运价的 200% 收取，骨灰按普通货物 45 千克以下运价的 300% 收取；

最低运费按普通货物的最低运费收取，但不得低于 65 美元或其等值的货币。

三、实际操作

（一）计算步骤

根据货物品名判断其是否适合等级货物运价；

用适用的公布运价乘以百分比，并将计得的运价进位；

用适用的等级货物运价乘以计费重量。

（二）计算方法

例 1 贵重货物运价

Routing：BEIJING，CHINA（BJS）

to LONDON，GB（LON）

Commodity：GOLD WATCH

Gross Weight：32.0kg

Dimensions：1 Piece 60cm × 50cm × 40cm

请计算该票货物的航空运费。

公布运价如下：

DUBAI		CN	BJS
Y. RENMINBI		CNY	kg
LONDON	GB	M	320.00
		N	63.19
		45	45.22
		300	41.22
		500	33.42

解：

Volume：60cm × 50cm × 40cm = 120000cm^3

Volume Weight：120000cm^3 ÷ 6000cm^3/kg = 20.0kg

Gross Weight：32.0kg

Chargeable Weight：32.0kg

Applicable Rate：S 200% of the Normal GCR

$200\% \times 63.19CNY/kg = 126.38\ CNY/kg$

Weight Charge：$32.0 \times 126.38 = CNY4044.16$

因此运费为 CNY4044.16。

航空货运单运费计算栏填制如下：

No. of pieces RCP	Gross Weight	kg 1b	Rate Class		Chargeable Weight	Rate/ Charge	Total	Nature and Quantity of Goods（Incl. Dimensions or Volume）
				Commodity Item No.				
1	32.0	K	S	N200	32.0	126.38	4044.16	Gold Watch DIMS: 60cm × 50cm ×40cm

例2　作为货物运输的行李运价

Routing：BEIJING，CHINA（BJS）

to Tokyo，JAPAN（TYO）

Commodity：Personal Effects

Gross Weight：25.0kg

Dimensions：1 Piece 70cm ×47cm ×35cm

请计算该票货物的航空运费。

公布运价如下：

BEI JING Y. RENMINBI		CN CNY	BJS kg
TOKYO	JP	M	230.00
		N	37.51
		45	28.13

解：

Volume：$70cm \times 47cm \times 35cm = 115150cm^3$

Volume Weight：$115150cm^3 \div 6000cm^3/kg = 19.19kg = 19.5kg$（取整）

Gross Weight：25.0kg

Chargeable Weight：25.0kg

Applicable Rate：R 50% of the Normal GCR

$50\% \times 37.51CNY/kg = 18.755CNY/kg = 18.76\ CNY/kg$（取整）

Weight Charge：$25.0 \times 18.76 = CNY469.00$

因此运费为 CNY469.00。

航空货运单运费计算栏填制如下：

No. of pieces RCP	Gross Weight	kg 1b	Rate Class		Chargeable Weight	Rate/ Charge	Total	Nature and Quantity of Goods （Incl. Dimensions or Volume）
				Commodity I tem No.				
1	25	K	R	N50	25.0	18.76	469.000	Personal Effects DIMS：70cm×47cm ×35cm

第六节　非公布直达运价

在 IATA 运价手册中，如果货物运输的始发地至目的地没有公布直达运价，则可以采用比例运价和分段相加运价的方法构成全程直通运价，组成最低的全程运价，这些统称为组合非公布直达运价。

一、比例运价

（一）基本概念

由于无法将所有城市的运价都公布出来，会出现货物的始发地和目的地之间无公布直达运价的缺陷。为了弥补，IATA 根据运价制定的原则制定了比例运价。比例运价采用货物运价手册中公布的一种不能单独使用的运价附加数，与已知的公布直达运价相加构成非公布直达运价，此种运价称为比例运价。

在 IATA 运价手册中，比例运价被分为三类：普通货物的比例运价，用"GCR"表示；指定商品的比例运价，用"SCR"表示；集装箱的比例运价，用"ULD"表示。

（二）使用规则

1. 使用要求

采用比例运价与公布直达运价相加时，必须严格遵守下列原则：普通货物比例运价只能与普通货物运价相加；指定商品的比例运价只能与指定商品的运价相加；集装设备比例运价只能与集装设备运价相加。

2. 注意事项

（1）比例运价不能单独使用，只适合于国际运输，不适合于国内货物的运输；只有相同种类的货物运价才能组成始发站至目的站的货物运价。

（2）采用比例运价构成直达运价，比例运价可加在公布运价的两端，但每一端不能连加两个以上的比例运价。

（3）当始发地或目的地可以经不同的运价组成点与比例运价相加组成不同的直达运价，应采用最低运价；即运价表中公布的各国至某一区域或国家的最低运费。

（4）运价的构成不影响货物的运输路线。

比例运价表中列有两种货币比例运价：列有当地货币的比例运价时为该国始发构成全程直达运价时使用，可以直接将当地货币相加，构成全程运价；列有美元的比例运价是为自始发地到该目的地国家组成全程直达运价时使用，需将美元按规定换算成始发地货币，再与已知的公布直达运价相加使用。

（三）实际操作

例1　Routing：BEIJING，CHINA（BJS）

to MONTPELLIER，FRANCE（MPL）

Commodity：PARTS ONE BOX ONLY

Gross Weight：26. 3kg

Dimensions：60cm×58cm×32cm

请计算该票货物的航空运费。

公布运价如下：

BEI JING		CN	BJS
Y. RENMINBI		CNY	kg
PARIS	FR	M	320. 00
		N	47. 07
		45	38. 70
		300	34. 15

解：

采用比例运价时，适用运价将是已公布的直达运价与比例运价的相加之和。IATA运价手册中的换算比价为 USD 1 ＝ CNY8. 30074

Volume：60cm×58cm×32cm ＝111360cm^3

Volume Weight：111360cm^3÷6000cm^3/kg＝18. 56kg＝19. 0kg（取整）

Gross Weight：26. 3kg

Chargeable Weight：26. 5kg

Applicable Rate：GCR N ＋ Construction Rate N ＝ 47. 07CNY/kg ＋ 0. 19 × 8. 30074 ＝ 48. 65CNY/kg（取整）

Weight Charge：26. 5×48. 65＝CNY1289. 23（取整）

因此运费为 CNY1289. 23。

航空货运单运费计算栏填制如下：

No. of pieces RCP	Gross Weight	kg 1b	Rate Class		Chargeable Weight	Rate/ Charge	Total	Nature and Quantity of Goods（Incl. Dimensions or Volume）
			Commodity I tem No.					
1 PAR	26. 3	K	N		26. 5	48. 65	1289. 23	PARTS ONE BOX ONLY

二、分段相加运价

（一）基本概念

对于相同运价种类，当货物运输的始发地至目的地无公布直达运价和比例运价时，只能在货物始发地和目的地之间选择较合适的运价计算点，分别找到始发地至该点及该点至目的地的运价，采用分段相加的办法，组成最低的全程运价，这种运价叫做分段相加运价。对于采用不同的运价种类组成分段相加的运价的情况，必须严格按运价手册中相关规则进行运价的相加。

分段相加运价即分段相加运价和分段相加运费。其含义为：

如果运输起止起点的运价可采用相同种类、相同重量分界点运价直接相加构成，则为分段相加运价，该运价乘以货物的计费重量即构成全程航空运费；

如果运输起止起点间的运价是采用不同种类运价，或虽然采用相同种类运价但采用不同的重量等级分界点，则称为分段相加运费。

采用分段相加运价构成全程运费，在航空货运单的运费计算栏中，应在"No. of Pieces RCP"一栏的货物件数下面，填上运价组成点城市的英文三字代码。

下表说明了国际货运分段相加运价的相加规则。

表3-4　国际货运分段相加运价规则表

运价类别	可相加运价
国际普通货物运价 （International GCR）	普通货物比例运价（Construction Rates for GCR） 国际普通货物运价（International GCR） 国内运价（Domestic Rates） 过境运价（Trans-border Rates）
国际指定商品运价 （International SCR）	指定商品运价（Construction Rates for SCR） 国内运价（Domestic Rates） 过境运价（Trans-border Rates）
国际等级货物运价 （International Class Rates）	国内运价（Domestic Rates） 过境运价（Trans-border Rates）

由表3-4可知，国际指定商品不可以与国际指定商品运价相加；国际等级货物运价不可以与国际等级货物运价相加。否则将违背某种国际指定商品运价与国际等级货物运价的特定含义，从而破坏了运输起止地点间的运价体系和运价的公平性。

根据运价组成表，可采用左列运价和右列相加，也可采用右列运价和左列相加，以构成始发地至目的地的分段相加运价。国内运价和过境运价在组成分段相加运价时具有普遍性，其运价则受到一定的限制。

如果货物运输起止地点间无公布直达运价且比例运价无指定商品运价，而运输的货物属于指定商品，按分段相加组成办法，可以采用以下两种计算方法：按普通货物比例运价计算；按分段相加的指定商品运价计算。

由于属于不同运价种类，比较计算时应考虑优先使用指定商品运价之原则，还应兼顾货物的重量是否满足指定商品运价的最低重量限制。总之，通过比较，计算出较低的航空运费。

（二）实际操作

例2　Routing：NANJING，CHINA（BJS）

to OSAKA，JAPAN（OSA）

Commodity：HANDICRAFT，ONE BOX ONLY

Gross Weight：71.8kg

Dimensions：170cm×47cm×35cm

请计算该票货物的航空运费。

公布运价如下：

MANJING		CN	NKG
Y. RENMINBI		CNY	kg
SHANGHAI	CN	M	15.00
		N	2.26
		45	1.92

SHANGHAI		CN	SHA
Y. RENMINBI		CNY	kg
OSAKA	JP	M	200.00
		N	30.22
		45	22.71
		100	17.10

解：Volume：$170cm \times 47cm \times 35cm = 279650cm^3$

Volume Weight：$279650cm^3 \div 6000cm^3/kg = 46.608kg = 47.0kg$（取整）

Gross Weight：71.8kg

Chargeable Weight：72.0kg

Applicable Rate：GCR Q1.92 CNY/kg + 22.71 CNY/kg = 24.63CNY/kg

Weight Charge：$72.0 \times 24.63 = CNY1773.36$

因此运费为 CNY1773.36。

航空货运单运费计算栏填制如下：

No. of pieces RCP	Gross Weight	kg 1b	Rate Class		Chargeable Weight	Rate/ Charge	Total	Nature and Quantity of Goods（Incl. Dimensions or Volume）
			Commodity I tem No.					
1 SHA	72.8	K	Q		72.0	24.63	1773.36	HANDICRAFT ONE BOX ONLY

第七节　混运货物运价

一、基本概念

（一）定义

使用同一份货运单运输的货物中所含的不同运价和不同运输条件的货物，称为混运货物。亦称混载货物或集合货物。

（二）一般规定

混运货物不包括下列物品：贵重货物、活体动物、骨灰、灵柩、外交邮袋、作为货物运送的行李、仅适用于从日本到韩国运输的危险货物规则中所定义的那些可运输的危险品、只适用于从日本到欧洲和西南太平洋的机动车辆、仅适用于 TC1 区和 TC3 区之间运输的汽车（不包括电动汽车）。

1. 申报方式与计算规则

（1）申报整批货物的总重量（或体积）。

计算规则：混运的货物被视为一种货物，将其总重量确定为一个计费重量。运价采用适用的普通货物运价计算运费。

（2）分别申报每一种类货物的件数、重量、体积及货物品名。

计算规则：按不同种类货物适用的运价与其相应的计费重量分别计算运费。

（3）如果混运货物使用一个外包装将所有货物合并运输，则该包装物的运费按混运货物中运价最高的货物的运价计收。

2. 声明价值

混运货物只能按整票（整批）货物办理声明价值，不得办理部分货物的声明价值，或办理两种以上的声明价值。所以，混运货物声明价值费应按整票货物总的毛重计算。

3. 最低运费

混运货物的最低运费，按整票货物计收。即无论是分别申报或不分别申报的混运货物，按其运费计算方法计得的运费与货物运输起止地点间的最低收费标准比较，取其中较高者。

二、实际操作

例　Routing：BEIJING，CHINA（BJS）

　　　　　to TOKYO，JAPAN（TYO）

　　Commodity：T-SHIRTS，DISPLAY MATERIALS

　　Gross Weight：T-SHIRTS EATCH 70.0kg，TOTAL 10 PIECES，

DISPLAY MATERIALS 8.1 kg

Dimensions：T-SHIRTS 30cm×40cm×20cm×10

DISPLAY MATERIALS 100cm×60cm×42cm

请计算该票货物的航空运费。

公布运价如下：

BEI JING		CN	BJS
Y. RENMINBI		CNY	kg
TOKYO	JP	M	230.00
		N	37.51
		45	28.13
	2195	100	18.80

解：

整批申报

Volume：30cm×40cm×20cm×10 =240000cm^3,

100cm×60cm×42cm =252000cm^3,

240000cm^3+252000cm^3= 492000 cm^3

Volume Weight：492000cm^3÷6000cm^3/kg=82.0kg

Gross Weight：78.1kg

Chargeable Weight：82.0kg

Applicable Rate：GCR Q 45 28.13 CNY/kg

Weight Charge：82×28.13=CNY2306.66

分别申报

1. T-SHIRTS

Volume：30cm×40cm×20cm×10 =240000cm^3

Volume Weight：240000cm^3÷6000cm^3/kg=40.0kg

Gross Weight：70.0kg

Chargeable Weight：70.0kg

Applicable Rate：GCR Q 45 28.14 CNY/kg,

SCR 2195 100 18.80 CNY/kg

Weight Charge：70.0×28.14=CNY1969.80,

100.0×18.80= CNY1880.00

取较低值 CNY1880.00。

2. DISPLAY MATERIALS

Volume：100cm×60cm×42cm =252000cm^3

Volume Weight：252000cm^3÷6000cm^3/kg=42.0kg

Gross Weight：8.1kg

Chargeable Weight：42.0kg

Applicable Rate：GCR N 37.51 CNY/kg,

GCR Q 45 28.13 CNY/kg

Weight Charge：42 × 37.51 = CNY1575.42,

　　　　　　　　45 × 28.13 = CNY1265.85

取较低值 CNY1265.85。

3. TOTAL

CNY1880.00 + CNY1265.85 = CNY3145.85

相比较后取较低值，使用整批审报，因此运费为 CNY2306.66。

航空货运单运费计算栏填制如下：

No. of pieces RCP	Gross Weight	kg 1b	Rate Class		Chargeable Weight	Rate/ Charge	Total	Nature and Quantity of Goods（Incl. Dimensions or Volume）
			Commodity Item No.					
11	78.1	K	Q		82	28.13	2306.66	T—SHIRTS, DISPLAY MATERIALS

第八节　航空货物运输的其他费用

国际航空运输中，航空运费是指自运输始发地至运输目的地之间的航空运输费用。在实际工作中，对于航空公司或其代理人将收运的货物自始发地运至目的地的整个运输组织过程中，除发生航空运费外，在运输始发站、中转站与目的站经常发生与航空运输有关的其他费用，包括声明价值附加费、税款以外的地面运输费、退运手续费、货运单费、到付货物运费手续费、特种货物处理费、保管费以及保险费等项费用。

一、货运单费

货运单费又称为航空货运单工本费，此项费用为填制航空货运单之费用。航空公司或其代理人销售或填制货运单时，该费用包括逐项逐笔填制货运单的成本。对于航空货运单工本费，各国的收费水平不尽相同。依照运价手册及各航空公司的具体规定来操作。货运单费应填制在货运单的"其他费用"一栏中，用两字代码"AW"表示。按《华沙公约》等有关公约，国际上多数 IATA 航空公司做如下规定：

由航空公司来销售或填制航空货运单，此项费用归出票航空公司（Issuing Carrier）所有，表示为 AWC；

由航空公司的代理人销售或填制货运单，此项费用归销售代理人所有，表示为 AWA。

中国民航各航空公司规定：无论货运单是由航空公司销售还是由代理人销售，填制

AWB 时，货运单中"OTHER CHARGES"一栏中均用 AWC 表示，意为此项费用归出票航空公司所有。某航空公司的货运单其他费用栏的填制如下：

```
OTHER CHARGES
AWC50.00
```

二、垫付款和垫付费

（一）垫付款

1. 定义

垫付款是指在始发地机场收运一票货物，所发生的其他费用到付。这部分费用仅限于货物地面运输费、清关处理费和货运单工本费。

此项费用需按不同其他费用的种类代号、费用归属代号（A 或 C）及费用金额一并填入货运单的"其他费用"一栏。例如"AWA"表示代理人填制的货运单；"CHA"表示代理人代替办理始发地清关业务；"SUA"表示代理人将货物运输到始发地机场的地面运输费。

2. 相关限制条件

（1）垫付款仅适用于货物费用及其他费用到付，且按国际货物运输规划中相关规定，目的地国家可接受的货物；

（2）垫付款业务在有些国家不办理，操作时严格按照国际货物运输规划中相关规定；

（3）垫付款由最后一个承运人向提货人收取。按国际货物运费到付结算规则，通过出票航空公司开账结算，付给支付垫付款的代理人或出票航空公司。

3. 具体数额

在任何情况下，垫付款数额不得超过货运单上全部航空运费的总额；例外情况，当货运单的航空运费低于 100 美元时，垫付款金额可允许达到 100 美元标准。

（二）垫付费

垫付费是对于垫付款的数额而确定的费用。垫付费的费用代码为"DB"，按《航空货物运价手册》（TACT Rules）规定，该费用归出票航空公司所有。在货运单的其他费用栏中，此项费用应表示为"DBC"。

垫付费的计算公式：垫付费＝垫付款×10%。

小提示

一票货物的垫付费不得低于20USD 或等值货币。

三、危险品处理费

国际航空货物运输中，对于收运的危险品货物，除按危险品规则收运并收取航空运费外，还应收取危险货物收运手续费，该费用必须填制在货运单"其他费用"栏内，用

"RA"表示费用种类，TACT Rules 规定，危险品处理费归出票航空公司所有。在货运单中，危险品处理费表示为"RAC"。自中国至 IATA 业务一区、二区、三区，每票货物的最低收费标准均为 400 元人民币。

四、运费到付手续费

国际货物运输中，当货物的航空运费及其他费用到付时，在目的地的收货人，除支付货物的航空运费和其他费用外，还应支付到付货物手续费（CC Fee）。

此项费用由最后一个承运航空公司收取，并归其所有。一般 CC Fee 的收取，采用目的站开具专门发票，但也可以使用货运单（此种情况在交付航空公司无专门发票，并将 AWB 作为发票使用时使用）。

对于运至中国的运费到付货物，到付运费手续费的计算公式及标准如下：

到付运费手续费 =（货物的航空运费 + 声明价值附加费）×2%

各个国家 CC Fee 的收费标准不同。在中国，CC Fee 最低收费标准为 CNY100。

五、声明价值附加费

航空运输的承运人与其他提供服务的行业一样，都要向货主承担一定程度的责任。国内运输中，根据《中华人民共和国航空法》，航空公司对货物的最高赔偿是每千克毛重 20 元人民币。在国际运输中，根据《华沙公约》规定，对由于承运人的失职而造成的货物损坏、丢失或耽误等所承担的责任，其最高合同金额为每千克毛重 20 美元或等同价值的当地货币。

当托运人托运的货物，毛重每千克价值超过 20 美元或其等值货币时，可以办理货物声明价值。即发货人在交运货物时，应向承运人声明货物的价值，并在航空货运单上注明。声明货物的价值，即"供运输用的声明价值"，是承运人应负赔偿责任的限额。

托运人办理声明价值必须是一票货运单上的全部货物，不得分批或者部分办理。托运人办理货物声明价值时，应按照规定向承运人支付声明价值附加费。每份国内货运单的声明价值不得超过 50 万元人民币，每份国际货运单的声明价值不得超过 10 万美元或其等值货币。

托运人向承运人声明货物的价值后，应当按照规定向承运人支付货物声明价值费。声明价值附加费和运费一起，只能全部预付或全部到付。声明价值附加费不得列入重量或体积运费。自愿变更运输时，声明价值附加费不予退还。

声明价值附加费的计算公式为：

声明价值附加费 =［货物声明价值 -（货物毛重×20 美元）］

注：20 美元应折算为当地货币。

小提示

大多数航空公司在规定声明价值附加费费率的同时，还要规定声明价值附加费的最低收费标准。如果根据上述公式计算出来的声明价值附加费低于航空公司的最低收费标准，则航空公司要按照最低收费标准向托运人收取声明价值附加费。

六、退运手续费

国内货物运输时，每份航空货运单的退运手续费为 20 元人民币，国际货物运输时，每份航空货运单的退运手续费为 40 元人民币。

七、地面运输费

地面运输费是指承运人在机场与市区之间、同一城市两个机场之间运输货物的费用。航空运费仅限于货物始发站机场与目的站机场之间的货物运费，在某些情况下，托运人在市区托运货物或者收货人要求在市区提取货物，需要承运人将货物从市区运输到机场或从机场运输到市区，托运人或收货人应当支付由此产生的费用。

地面运输费的收费标准为：在出发地使用车辆者，每千克收取 0.20 元人民币；在到达地使用车辆者，每千克收取 0.20 元人民币，由到达站收取，出发地不应计收到达地的地面运输费；体积大而重量轻的货物按计费重量计收地面运输费；每份航空货运单最低地面运输费为 5.00 元人民币；对机场与市区路程较远的到达地，可商请当地工商、税务等部门核准收取地面运输费的标准。

八、保险

托运人可以要求办理航空货物运输保险。航空公司作为保险公司的代理方，可以根据货物的性质、货物的易损程度，按照保险公司提供的保险费率表，为托运人办理航空货物运输保险。托运人办理保险业务时，航空公司凭托运书填制货运单，将保险金额和保费填入货运单相应位置，加盖代理保险戳记。航空保险只在始发地办理，保险费需全部预付。航空保险费的最低收费标准由各地与保险公司协商制订。托运人在托运货物时，航空运输保险和声明价值两者取一。

航空运输货物险有"航空运输险"和"航空运输一切险"两种基本险条款及"航空运输货物战争险"的附加险条款。

（一）"航空运输险"和"航空运输一切险"

航空运输险的承保范围为负责赔偿被保险货物在运输途中遭受雷电、火灾、爆炸，或由于飞机遭受恶劣气候或其他危难事故而被抛弃，或由于飞机遭受碰撞、倾覆、坠落或失踪等自然灾害和意外事故所造成的全部或部分损失。被保险人可对遭受承保责任内危险的被保险货物采取抢救、防止或减少货物损失的措施而支付合理费用，但不得超过该批货物的保险金额。航空运输一切险的承保责任范围除包括上述航空运输险的全部责任外，保险公司还负责赔偿被保险货物由于被偷窃、短少等外来因素所造成的全部或部分损失。具有不同保险费率的货物种类：

1. 一般物资

是指物资本身属于非危险物品，受碰撞或包装破损时，所装物资无明显影响或有一定损失但不明显。如机器设备、一般金属原材料、电子元器件、马达、中西药材、10 毫升以下针剂药物等。

2. 易损物资

是指物资本身较易燃烧、破裂、渗漏、挥发等，由于包装破损或所装物品一经碰撞就容易受损。如一般仪器仪表、家用电器、皮货、服装、印刷品、普通工艺品和较易挥发的物品等。

3. 特别易损物资

是指物资本身属于危险物品，或本身特别容易燃烧、破裂、渗漏、挥发等，由于包装破损或所装物品受碰撞后极易损坏或在其损坏后没有残余价值的。如各种玻璃制品、石膏制品、高精密度仪器仪表、高精密度医疗器械、电子元件等。

小提示

不同的保险公司的类别划分和费率标准不同，具体以当地保险公司的标准执行。

（二）"航空运输货物战争险"

航空运输货物战争险是航空运输货物险的一种附加险，只有在投保了航空运输险或航空一切运输险的基础上，方可加保。

承保航空运输货物战争险的货物，保险公司将负责赔偿在航空运输途中由于战争、类似战争行为、敌对行为或武装冲突以及各种常规武器和炸弹所造成的货物损失，但不包括因使用原子或热核制造的武器所造成的损失。

航空运输货物战争险的保险责任期限是自被保险货物装上保险单所载明的起运地的飞机时开始，直到卸离保险单所载明的目的地的飞机时为止。如果被保险货物不卸离飞机，则以飞机到达目的地当日午夜起计算满 15 天为止。被保险货物在中途转运时，保险责任以飞机到达转运地的当日午夜起计算满 15 天为止。

思考与练习

一、简答题

1. 国际航空货物运价和运费是如何制定又是如何使用的？

2. "计费重量"和我们经常遇到的概念"毛重"有什么不同？

3. 运价有哪些种类？应如何使用？

4. 声明价值附加费和运费的区别？

5. 其他费用和运费及声明价值附加费的区别？

二、选择题

1. 下列商品中属于指定商品分类编号 4000—4999 的有（　　　）

A. TV SET　　　　　　　　B. Telescope

C. Alcohol D. Motor parts

A. SHA—LON B. BJS—SYD

C. SYD—FRA D. SHA-GUM

2. 下列物品中属于贵重物品的有( )

A. Opals

B. Shares

C. SHA-LON GIFTS 20. 3Kg Declared Value for carriage175000. 00CNY

D. Watches

3. 下列哪些物品无须办理声明价值( )

A. 3234KG USD63281. 00

B. 396KG USD7919. 00

C. 79KG USD1588. 00

D. 6920KG USD139255. 30

4. 下列航程运输行李不能作为等级货物的有( )

5. 承运人或地面代理人装入业务文件袋的货运单包括( )

A. Red Coupon B. Green Coupon

C. Yellow Coupon D. Copy 8

三、计算题

Routing：Shanghai，CHINA（SHA）

To Paris，FRANCE（PAR）

Commodity：BAGS

Gross Weight：1 Piece，6. 6kg

Dimensions：1 Piece，40cm×28cm×22cm

请计算该票货物的航空运费。

公布运价如下：

SHANGHAI		CN	SHA
Y. RENMINBI		CNY	kg
PARIS	FR	M	320. 00
		N	50. 37
		45	41. 43

并填制航空货运单运费计算栏：

No. of pieces RCP	Gross Weight	kg 1b	Rate Class		Chargeable Weight	Rate/ Charge	Total	Nature and Quantity of Goods（Incl. Dimensions or Volume）
			Commodity Item No.					
		K	Q					

第四章 航空货运单证

教学目的 1. 学习国际货物托运书和航空货运单，了解在航空货运中关于货运单证的知识；

2. 掌握航空货运单证的规范填写方法。

第一节 国际货物托运书

国际货物托运书（Shippers Letter of Instruction）是托运人用于委托承运人或其代理人填开航空货运单的一种表单，表单上列有填制货运单所需各项内容，并应印有授权于承运人或其代理人代其在货运单上签字的文字说明。

一、国际货物托运书的填写要求

第一，货物托运书应使用钢笔、圆珠笔书写。有些项目如名称、地址、电话等可盖戳印代替书写。字迹要清晰，不能潦草。不能使用非国家规定的简化字。托运人对所填写的单位、个人或物品等内容应当使用全称。托运人在委托航空承运人进行国际航空货物运输之前，应该用英文填写一份国际货物托运书，工作人员根据托运书来判断是否收运货物及填写货运单。

第二，根据《华沙公约》第5条第（1）和（5）款规定，货运单应由托运人填写，也可由承运人或其代理人代为填写；实际上，目前货运单均由承运人或其代理人填制，为此，作为填开货运单的依据，货物托运书应由托运人自己填写，而且托运人必须在上面签字。

第三，一张托运书托运的货物，只能有一个目的地，一个收货人，并以此填写一份航空货运单。

第四，运输条件或性质不同的货物，不能使用同一张货物托运书托运。

第五，货物托运书应当和相应的货运单存根联以及其他必要的运输文件副本放在一起，按照货运单号码顺序装订成册，作为核查货物运输的原始依据。

二、国际航空货物托运书基本内容

托运书包括下列内容栏：

（一）托运人（SHIPPER）

填托运人的全称、街名、城市名称、国名，以及便于联系的电话号、电传号或传真号。

（二）收货人（CONSIGNEE）

填收货人的全称、街名、城市名称、国名（特别是在不同国家内有相同城市名称时，必须要填上国名），以及电话号、电传号或传真号，本栏内不得填写"order"或"to order of the shipper"（按托运人的指示）等字样，因为航空货运单不能转让。

（三）始发站机场（AIRPORT OF DEPARTURE）

填始发站机场的全称。

（四）目的地机场（AIRPORT OF DESTINATION）

填目的地机场（不知道机场名称时，可填城市名称），如果某一城市名称用于一个以上国家时，应加上国名。例如 LONDON UK 伦敦，英国；LONDON KY US 伦敦，肯达基州，美国；LONDON TO CA 伦敦，安大略省。

（五）要求的路线/申请定仓（REQUESTED ROUTING/REQUESETING BOOKING）

本栏用于航空公司安排运输路线时使用，但如果托运人有特别要求时，也可填入本栏。

（六）供运输用的声明价值（DECLARED VALUE FOR CARRIAGE）

填供运输用的声明价值金额，该价值即为承运人负赔偿责任的限额。承运人按有关规定向托运人收取声明价值费，但如果所交运的货物毛重每公斤不超过20美元（或其等值货币），无须填写声明价值金额，可在本栏内填入"NVD"（NO Value Declared，未声明价值），如本栏空着未填写时，承运人或其代理人可视为货物未声明价值。

（七）供海关用的声明价值（DECLARED VALUE FOR CUSTOMS）

国际货物通常要受到目的站海关的检查，海关根据此栏所填数额征税。

（八）保险金额（INSURANCE AMOUNT REQUESTED）

中国民航各空运企业暂未开展国际航空运输代保险业务，本栏可空着不填。

（九）处理事项（HANDLING INFORMATION）

填附加的处理要求，例如另请通知（ALSO NOTIFY）。除填收货人之外，如托运人还希望在货物到达的同时通知他人，请另填写通知人的全名和地址。

（十）货运单所附文件（DOCUMENT TO ACCOMPANY AIR WAYBILL）

填随附在货运单上往目的地的文件，应填上所附文件的名称，例如托运人的动物证明（SHIPPER SCERTIFICATION FOR LIVE ANIMALS）。

（十一）件数和包装方式（NUMBER AND KIND OF PACKAGES）

填该批货物的总件数，并注明其包装方法，例如包裹（Package）、纸板盒（Carton）、盒（Case）、板条箱（Crate）、袋（Bag）、卷（Roll）等，如货物没有包装时，就注明为散装（Loose）。

（十二）实际毛重（ACTUAL GROSS WEIGHT）

本栏内的重量应由承运人或其代理人在称重后填入。如托运人已经填上重量，承运人或其代理人必须进行复核。

（十三）运价类别（RATE CLASS）

本栏可空着不填，由承运人或其代理人填写。

（十四）计费重量（公斤）（CHARGEABLE WEIGHT）（kg）

本栏内的计费重量应由承运人或其代理人在量过货物的尺寸（以厘米为单位），由承运人或其代理人算出计费重量后填入，如托运人已经填上时，承运人或其代理人必须进行复核。

（十五）费率（RATE/CHARGE）

本栏可空着不填。

（十六）货物的品名及数量（包括体积及尺寸）。［NATURE AND QUANTITY OF GOODS（INCL。DIMENSIONS OR VOLUME）

填货物的品名和数量（包括尺寸或体积）。货物中的每一项均须分开填写，并尽量填写详细，如："9 筒 35 毫米的曝光动画胶片"等，本栏所属填写内容应与出口报关发票和进口许可证上所列明的相符。危险品应填写适用的准确名称及标贴的级别。

（十七）托运人签字（SIGNATURE OF SHIPPER）

托运人必须在本栏内签字。

（十八）日期（DATE）

填托运人或其代理人交货的日期。

国际货物托运书
Shipper's Letter of Instruction

托运人姓名及地址 Company： Address： Attn： Tel： Fax：	＊＊＊＊国际物流有限公司 ＊＊＊＊＊＊货运代理有限公司 电话：＊＊＊－＊＊＊＊＊＊＊ 传真：＊＊＊－＊＊＊＊＊＊＊
收费人姓名及地址（if "order" Entry Notify Party in Space Below）	
Company： Address： Attn： Tel： Fax：	费用及备注：
另请通知（Only if not stated above, otherwise Leave Blank） Notify Party SAME AS CONSIGHEE	

始发站 From Place/Airport of Departure		目的地 To Airport of Destination				
件数 No. of Packages	毛重(KGS) Gross weight	毛体积(CBM) Measurement	费率 Rate/Charges	空运费 付款方式	其他费用 付款方式	货物详细品名 Description of Goods

Applicable Rate：S 200% of the Normal GCR

200% ×63. 19CNY/kg = 126. 38 CNY/kg

Weight Charge：32. 0 ×126. 38 = CNY4044. 16

因此运费为 CNY4044. 16。

航空货运单运费计算栏填制如下：

No. of pieces RCP	Gross Weight	kg 1b	Rate Class		Chargeable Weight	Rate/ Charge	Total	Nature and Quantity of Goods（Incl. Dimensions or Volume）
				Commodity Item No.				
1	32. 0	K	S	N200	32. 0	126. 38	4044. 16	Gold Watch DIMS：60cm × 50cm ×40cm

例2　作为货物运输的行李运价

Routing：BEIJING，CHINA（BJS）

　　　　to Tokyo，JAPAN（TYO）

Commodity：Personal Effects

Gross Weight：25. 0kg

Dimensions：1 Piece 70cm ×47cm ×35cm

请计算该票货物的航空运费。

公布运价如下：

BEI JING Y. RENMINBI		CN CNY	BJS kg
TOKYO	JP	M	230. 00
		N	37. 51
		45	28. 13

解：

Volume：70cm ×47cm ×35cm = 115150cm^3

Volume Weight：115150cm^3 ÷6000cm^3/kg = 19. 19kg = 19. 5kg（取整）

Gross Weight：25. 0kg

Chargeable Weight：25. 0kg

Applicable Rate：R 50% of the Normal GCR

50% ×37. 51CNY/kg = 18. 755CNY/kg = 18. 76 CNY/kg（取整）

Weight Charge：25. 0 ×18. 76 = CNY469. 00

因此运费为 CNY469. 00。

航空货运单运费计算栏填制如下：

是为自始发地到该目的地国家组成全程直达运价时使用，需将美元按规定换算成始发地货币，再与已知的公布直达运价相加使用。

（三）实际操作

例1　Routing：BEIJING，CHINA（BJS）

to MONTPELLIER，FRANCE（MPL）

Commodity：PARTS ONE BOX ONLY

Gross Weight：26.3kg

Dimensions：60cm×58cm×32cm

请计算该票货物的航空运费。

公布运价如下：

BEI JING Y. RENMINBI		CN CNY	BJS kg
PARIS	FR	M	320.00
		N	47.07
		45	38.70
		300	34.15

解：

采用比例运价时，适用运价将是已公布的直达运价与比例运价的相加之和。IATA运价手册中的换算比价为 USD 1 = CNY8.30074

Volume：$60cm×58cm×32cm = 111360cm^3$

Volume Weight：$111360cm^3 ÷ 6000cm^3/kg = 18.56kg = 19.0kg$（取整）

Gross Weight：26.3kg

Chargeable Weight：26.5kg

Applicable Rate：GCR N + Construction Rate N = 47.07CNY/kg + 0.19 × 8.30074 = 48.65CNY/kg（取整）

Weight Charge：26.5 × 48.65 = CNY1289.23（取整）

因此运费为 CNY1289.23。

航空货运单运费计算栏填制如下：

No. of pieces RCP	Gross Weight	kg 1b	Rate Class		Chargeable Weight	Rate/ Charge	Total	Nature and Quantity of Goods（Incl. Dimensions or Volume）
			Commodity I tem No.					
1 PAR	26.3	K	N		26.5	48.65	1289.23	PARTS ONE BOX ONLY

二、分段相加运价

（一）基本概念

对于相同运价种类，当货物运输的始发地至目的地无公布直达运价和比例运价时，只能在货物始发地和目的地之间选择较合适的运价计算点，分别找到始发地至该点及该点至目的地的运价，采用分段相加的办法，组成最低的全程运价，这种运价叫做分段相加运价。对于采用不同的运价种类组成分段相加的运价的情况，必须严格按运价手册中相关规则进行运价的相加。

分段相加运价即分段相加运价和分段相加运费。其含义为：

如果运输起止起点的运价可采用相同种类、相同重量分界点运价直接相加构成，则为分段相加运价，该运价乘以货物的计费重量即构成全程航空运费；

如果运输起止起点间的运价是采用不同种类运价，或虽然采用相同种类运价但采用不同的重量等级分界点，则称为分段相加运费。

采用分段相加运价构成全程运费，在航空货运单的运费计算栏中，应在"No. of Pieces RCP"一栏的货物件数下面，填上运价组成点城市的英文三字代码。

下表说明了国际货运分段相加运价的相加规则。

表3－4　国际货运分段相加运价规则表

运价类别	可相加运价
国际普通货物运价 （International GCR）	普通货物比例运价（Construction Rates for GCR） 国际普通货物运价（International GCR） 国内运价（Domestic Rates） 过境运价（Trans-border Rates）
国际指定商品运价 （International SCR）	指定商品运价（Construction Rates for SCR） 国内运价（Domestic Rates） 过境运价（Trans-border Rates）
国际等级货物运价 （International Class Rates）	国内运价（Domestic Rates） 过境运价（Trans-border Rates）

由表3－4可知，国际指定商品不可以与国际指定商品运价相加；国际等级货物运价不可以与国际等级货物运价相加。否则将违背某种国际指定商品运价与国际等级货物运价的特定含义，从而破坏了运输起止地点间的运价体系和运价的公平性。

根据运价组成表，可采用左列运价和右列相加，也可采用右列运价和左列相加，以构成始发地至目的地的分段相加运价。国内运价和过境运价在组成分段相加运价时具有普遍性，其运价则受到一定的限制。

如果货物运输起止地点间无公布直达运价且比例运价无指定商品运价，而运输的货物属于指定商品，按分段相加组成办法，可以采用以下两种计算方法：按普通货物比例运价计算；按分段相加的指定商品运价计算。

由于属于不同运价种类，比较计算时应考虑优先使用指定商品运价之原则，还应兼顾货物的重量是否满足指定商品运价的最低重量限制。总之，通过比较，计算出较低的航空运费。

Dimensions：T-SHIRTS 30cm×40cm×20cm×10

DISPLAY MATERIALS 100cm×60cm×42cm

请计算该票货物的航空运费。

公布运价如下：

BEI JING Y. RENMINBI		CN CNY	BJS kg
TOKYO	JP	M	230. 00
		N	37. 51
		45	28. 13
	2195	100	18. 80

解：

整批申报

Volume：30cm×40cm×20cm×10 ＝240000cm^3,

100cm×60cm×42cm ＝252000cm^3,

240000cm^3＋252000cm^3＝492000 cm^3

Volume Weight：492000cm^3÷6000cm^3/kg＝82.0kg

Gross Weight：78.1kg

Chargeable Weight：82.0kg

Applicable Rate：GCR Q 45 28.13 CNY/kg

Weight Charge：82×28.13＝CNY2306.66

分别申报

1. T-SHIRTS

Volume：30cm×40cm×20cm×10 ＝240000cm^3

Volume Weight：240000cm^3÷6000cm^3/kg＝40.0kg

Gross Weight：70.0kg

Chargeable Weight：70.0kg

Applicable Rate：GCR Q 45 28.14 CNY/kg,

SCR 2195 100 18.80 CNY/kg

Weight Charge：70.0×28.14＝CNY1969.80,

100.0×18.80＝ CNY1880.00

取较低值 CNY1880.00。

2. DISPLAY MATERIALS

Volume：100cm×60cm×42cm ＝252000cm^3

Volume Weight：252000cm^3÷6000cm^3/kg＝42.0kg

Gross Weight：8.1kg

C. Alcohol　　　　D. Motor parts

2. 下列物品中属于贵重物品的有（　　）

A. Opals

B. Shares

C. SHA-LON GIFTS 20.3Kg Declared Value for carriage175000.00CNY

D. Watches

3. 下列哪些物品无须办理声明价值（　　）

A. 3234KG USD63281.00

B. 396KG USD7919.00

C. 79KG USD1588.00

D. 6920KG USD139255.30

4. 下列航程运输行李不能作为等级货物的有（　　）

公布运价如下：

A. SHA—LON　　　B. BJS—SYD

C. SYD—FRA　　　D. SHA-GUM

5. 承运人或地面代理人装入业务文件袋的货运单包括（　　）

A. Red Coupon　　　B. Green Coupon

C. Yellow Coupon　　D. Copy 8

三、计算题

Routing：Shanghai, CHINA（SHA）

To Paris, FRANCE（PAR）

Commodity：BAGS

Gross Weight：1 Piece, 6.6kg

Dimensions：1 Piece, 40cm×28cm×22cm

请计算该票货物的航空运费。

SHANGHAI		CN	SHA
Y. RENMINBI		CNY	kg
PARIS	FR	M	320.00
		N	50.37
		45	41.43

并填制航空货运单运费计算栏：

No. of pieces RCP	Gross Weight	kg 1b	Rate Class Commodity Item No.	Chargeable Weight	Rate/ Charge	Total	Nature and Quantity of Goods（Incl. Dimensions or Volume）
		K　Q					

报关 Customs Clearance					预付	预付
	快件报关	自行报关			到付	到付
	报关退税	委托报关				

报关金额 Declared Value For Customs	保险金额 Insurance	备注：按 IATA 规定，体积重为 1CBM = 167kgs，毛重和体积重取大者计费 Remarks：According to IATA, volume weight 1CBM = 167kgs. chargeable weight should be based on gross weight or volume weight whichever is higher
所附文件 Documents Accompanying Airway Bill 发票　　　　装箱单 产地证　　　其他 在货物不能交付收货人时，托运人指示的处理方法 （Shipper's instructions in case of inability to deliver shipment as consigned）		We hereby guarantee payment of all freight collect charges and any other charges incurred at destination due to the forwarders or to the carrier if the shipment is abandoned, refused by the consignee, returned at our request, confiscated by the customs or for any other reason cannot be delivered within a reasonable time Also we hereby guarantee for the freightage due to Ho Shun Logistics Company Once receipt the airway bill other arrangements： In case of any other special arrangements the undersigned agreed to hold the forwarders exempt from any liability whatsoever arising out of unforeseen circumstances and／or acts 托运人签字及盖章 Stamp and Signature of shipper 日期 Date：

第二节　航空货运单

一、航空货运单的性质

航空货运单（AIRWAY BILL，简写成 AWB）是托运人（或其代理人）和承运人（或其代理人）之间缔结的货物运输合同契约，同时也是承运人运输货物的重要证明文件。

航空公司或其代理人使用的航空货运单分为有出票航空公司（ISSUE CARRIER）标志的航空货运单和无任何承运人标志的中性货运单两种。

航空货运单既可用于单一种类的货物运输，也可用于不同种类货物的集合运输。既可用于单程货物运输，也可用于联程货物运输。

航空货运单不可转让，所有权属于出票航空公司，即货运单所属的空运企业（IS-

SUE CARRIER）。在货运单的右上端印有"不可转让"（Not Negotiable）字样，任何 IA-TA 成员公司均不得印制可以转让的航空货运单，"不可转让"字样不可被删去或篡改。

二、航空货运单有效期

航空公司或其代理人根据托运书填制好货运单，托运人（或其代理人）和承运人（或其代理人）在货运单上签字后，货运单即开始生效。货物运输至目的地，收货人提取货物并在货运单上的"交付联"上签字后，作为运输凭证，货运单的托运使用有效期即告结束；但是作为运输契约，其法律有效期则延至自运输停止之日起两年内有效。

三、航空货运单的构成

国际航空货运单一般由一式十二联组成：三联正本、六联副本和三联额外副本。货运单的三联正本背面印有英文的有关运输契约以及涉及航空货物运输的许多法律问题，如索赔、保险、改变承运人等。

四、航空货运单的分类

航空货运单主要分为两大类：

（一）航空主运单（MAWB，Master AirWay Bill）

凡由航空运输公司签发的航空运单就称为主运单。它是航空运输公司据以办理货物运输和交付的依据，是航空公司和托运人订立的运输合同，每一批航空运输的货物都有自己相对应的航空主运单。

（二）航空分运单（HAWB，House AirWay Bill）

集中托运人在办理集中托运业务时签发的航空运单被称作航空分运单。

在集中托运的情况下，除了航空运输公司签发主运单外，集中托运人还要签发航空分运单。

航空分运单作为集中托运人与托运人之间的货物运输合同，合同双方分别为货 A、B 和集中托运人；而航空主运单作为航空运输公司与集中托运人之间的货物运输合同，当事人则为集中托运人和航空运输公司。货主与航空运输公司没有直接的契约关系。

不仅如此，由于在起运地货物由集中托运人将货物交付航空运输公司，在目的地由集中托运人或其代理人从航空运输公司处提取货物，再转交给收货人，因而货主与航空运输公司也没有直接的货物交接关系。

五、航空货运单的作用

航空货运单是货物托运人和承运人（或其代理人）所使用的最重要的运输文件，其作用归纳如下：

是承运人与托运人之间缔结货物运输的运输契约；

是承运人收运货物的证明文件；

是运费结算凭证及运费收据；

是承运人在货物运输组织的全过程中运输货物的依据；

是国际进出口货物办理清关的证明文件；

是货物保险证明。

六、航空货运单的填开责任

根据《华沙公约》、《海牙议定书》和承运人运输条件的条款规定，承运人的承运条件为航空货运单由托运人准备。托运人有责任填制航空货运单。相关规定明确指出，托运人应自行填制航空货运单，也可以要求承运人或承运人授权的代理人代为填制。托运人对货运单所填各项内容的正确性、完备性负责。由于货运单所填内容不准确、不完全，致使承运人或其他人遭受损失，托运人负有责任。托运人在航空货运单上的签字，证明其接受航空货运单正本背面的运输条件和契约。

根据《中华人民共和国民用航空法》有关条款规定，托运人应当填写航空货运单正本一式三份，连同货物交给承运人。承运人有权要求托运人填写航空货运单，托运人有权要求承运人接受该航空货运单。

七、航空货运单号码

货运单号码是货运单不可缺少的重要组成部分，在货运单的左上角、右上角和右下角分别标有货运单号码。通过此号码，即可以确定航空货运单的所有人——出票航空公司，它是托运人或其代理人向承运人询问货物运输情况及承运人在货物运输各个环节中组织运输（如订舱、配载、查询货物等）时的重要信息来源和依据。

八、货运单的填制

航空货运单一般应使用英文大写字母，用电脑打制。各栏内容必须准确、清楚、齐全，不得随意涂改。

货运单已填好内容在运输过程中需要修改时，必须在修改项目的近处盖章注明修改货运单的空运企业名称、地址和日期。修改货运单时，应将所有剩余的各联一同修改。

在始发站货物运输开始后，货运单上的"运输声明价值（Declared Value for Carriage）"一栏的内容不得再做任何修改。

每批货物必须全部收齐后，方可填开货运单，每一批货物或集合运输的货物均填写一份货运单。

其中正本三联，副本五联。

第一联，甲联：正本3，蓝色，为托运人联。作为托运人支付货物运费、并将货物交由承运人运输的凭证。

第二联，乙联：正本1，绿色，为财务联。作为收取货物运费的凭证交财务部门。

第三联，丙联：副本7，白色，为第一承运人联。由第一承运人留交其财务部门作为结算凭证。

第四联，丁联：正本2，粉红色，为收货人联。在目的站交收货人。

第五联，戊联：副本4，黄色，为货物交付联。收货人提取货物时在此联签字，由承运人留存，作为货物已经交付收货人的凭证。

第六联，己联：副本5，白色，为目的站联。由目的站机场留存，也可作为第三承运人联，由第三承运人留交其财务部门作为结算凭证。

第七联，庚联：副本6，白色，为第二承运人联。由第二承运人留交其财务部门作为结算凭证。

第八联，辛联：副本8，白色，为代理人联（存根联）。由货运单填制人留存备查。

货运单的三联正本具有同等法律效力。一联交承运人；一联交收货人；一联交托运人，分别由托运人签字或盖章，由承运人接受货物后签字或盖章。

货运单的承运人联应当自填开次日起保存两年。

九、航空货运单的填制说明

航空运单与海运提单类似，也有正面、背面条款之分，不同的航空公司也会有自己独特的航空运单格式。所不同的是，航运公司的海运提单可能千差万别，但各航空公司所使用的航空运单则大多借鉴 IATA 所推荐的标准格式，差别并不大。所以我们这里只介绍这种标准格式，也称中性运单。

出发站、到达站：分别填写货物空运的出发和到达地名，地名均应写全名。

发货人、收货人名称、地址、电报：分别填写单位或个人全名、详细地址和电话号码，不得用简称，并应写明具体运输搬运及收货的单位。

空陆转运：自至及运输方式，填写空陆运货物陆运部分的出发和到达地名及运输方式，如自"郑州"至"洛阳"，运输方式"铁路"。

货物名称：填写货物的具体品名，不能填写笼统名称。如"水平仪"、"青霉素"不得写成"仪器"、"西药"。

件数及包装：填写货物的件数及包装种类。如货物三件，其中一件纸箱，两件木箱，应写成1纸箱，2木箱。

价值：填写货物的进货价值，贵重品及由邮局转运的货物都必须填写价值。

发货人附记事项：填写货物特征和储运注意事项。

重量和货运单号码：由货运工作人员填写，重量栏分为"计费"和"实际"两项。

发货单位，经手人签字：由发货单位盖章及经手人签章，凭单位介绍信办理托运的，可免去发货单位盖章，将介绍信粘在搬运单后面存查。

承运经手人：由货物接受人及过秤人分别签字，如为一人兼办，则由经办人签字。

搬运单应和相应的货运单放在一起，按货运单号顺序装订成册，作为查核运输的原始凭证。

航空货运单样本

出发站		到达站			
收货人名称		电话			
收货人地址					
发货人名称					
发货人地址					
空陆转运	自至	运输方式			
货物品名	件数及包装	重量			价值
		计费	实际		

航空运费：（每千克￥）	￥		
地面运输费：（每千克￥）	￥		
空陆转运费：（每千克￥）	￥	储运注意事项	收运站
中转费：（每千克￥）	￥		日期
其他费用：	￥		经手人
合计：	￥		
出发站		到达站	

思考与练习

1. 国际货物托运书的定义是什么？
2. 国际货物托运书的填写要求有哪些？
3. 航空货运单的分类有哪些？
4. 航空货运单的作用是什么？

第五章　航空货运服务链

教学目的　1. 了解航空货运服务链的构建；
　　　　　　2. 熟悉航空货运服务的管理；
　　　　　　3. 了解航空货运服务链资源的整与网络扩张。

案例导入

目前国内的货运航空公司大都还停留在"空对空"的模式，扮演着简单且低附加值的空运承运商的角色，尚未真正从整个供应链考虑并扩展业务，与国际上货运企业"门对门"相比，与其他传统运输模式的互动还颇有差距。同时，供应链的增值业务（如金融）是重要的增长点，国内同行并未达到这种精细化服务程度。至于现代物流要求整合信息平台，而不是提供简单的运输，需要国内航空货运体系的全面升级。

供应链理念、链上增值服务、现代物流信息平台，这是中国机场货运与国际先进水平差距最为明显的三个领域，也是国内机场未来的重点完善领域。

航空货运服务链是在航空货物运输服务中，以货物拥有者为中心，从货物运输计划开始，经过货源的组织、货物出港、空中运输、货物进港、货物储存及货物配送等一系列环节，最终将货物送到收货人手中的过程，是由货运销售代理企业、地面运输企业、机场货物处理企业、航空货运企业及发货人、收货人所组成的一个有机的网络整体。航空货运服务链有效地实现了货物的流动、货物保管责任的转移以及相互之间信息的交流，并在此过程中通过服务链中各企业共同合作，完成地面运输服务、机场货站服务以及空中运输服务，保证了各企业获取经济效益，同时也帮助客户实现了效益的最大化。

第一节　航空货运服务链的组成

一、组成

航空货运服务链由众多独立的企业所组成，这些企业包括客户企业、航空货运企业及货运销售代理企业、地面运输企业、机场货物处理企业。这些企业间既有合作，也有竞争。

（一）客户

航空货运服务链中的客户指的是处在航空货运服务链前端的货物拥有企业和个人以及处于服务链末端的收取货物的企业。拥有货物企业为服务链提供的服务支付费用，是服务链价值的来源，也是驱动整个服务链管理的原动力。货物拥有企业将自身的资源集中于其业务核心的领域,选择将非核心企业整体外包给其他非专业性的公司,为了低成本、准时、安全地将货物运达目的地,客户希望为之服务的运输企业尽可能的单一化,有能力提供一揽子的运输服务,而不是只提供单一环节的服务。

收取货物的客户是航空货运对象的使用者,是航空货运服务质量的检验者和评价者。客户对于服务的及时性与服务态度好坏的认知,构成了航空货运服务质量评价的关键因素,影响着对服务链价值的评估结果。

(二)销售代理企业

销售代理企业一方面是航空货运企业货运舱位的销售代理,代表着航空公司为客户提供服务;另一方面它们又代表着客户的利益,是大宗货物的组织者和提供者,是航空货运企业的大客户。基于这两种身份,它们同样希望能低成本、准时、安全将货物运达目的地。出于自身利益的考虑,它们既希望航空货运企业只提供点对点的货运服务,给自己留下更大的空间去发展业务,也希望能够通过较大市场份额,迫使航空货运企业在运价上给予更多的折扣。

在航空货运服务链中,客户(货主)期望从销售代理身上获取全方位的服务、增值的服务、有竞争力的价格、当地的服务支持、全球网络服务和"最佳线路"。一些实力较强的航空货运销售代理通过不断的资源整合,正逐步地演变成现代物流的主导型企业——第三方物流企业。

(三)机场地面处理企业

从国内外民航业的发展来看,机场地面处理业务由于其资源的独特性,在一个比较长的时期里处于一种相对垄断的状态。能够在机场从事地面货物处理业务的企业往往是机场当局的下属分支或基地航空货运企业,这种状态不利于机场地面货物处理能力的提高与服务质量的改善。

在航空货运服务链中,出于共同利益的考虑,航空货运企业与机场地面处理企业之间将会比以往表现出越来越和谐的合作关系,共同致力于改善服务的质量。

(四)航空货运企业

在传统航空货运服务中,航空货运企业是提供服务的主体,是运力的拥有者与控制者,也是航空货运服务质量好坏的主要承担者。在航空货运管理理念中,航空货运企业是服务链的核心企业,不仅要逐步提高本公司的管理水平与安全质量,而且要努力加大与服务链中其他公司的联盟,围绕安全性、快捷性、便利性、低成本等客户重点关注的方面,对关键影响因素加以监督、控制与改进,以期实现客户价值的最大化与服务链效益的最大化。

(五)地面运输企业

地面运输企业将航空货运服务延伸到了地面上,扩大了服务链的服务网络,让包含航空运输在内的多式运输成为现实。在与航空货运企业的合作过程中,它们追求的是服务效益的最大化或利益共享的战略性合作。

二、航空货运服务链与传统航空货运的比较

（一）服务模式

在运力供不应求的传统航空货运时代，航空货运企业主要关注的是尽量合理地、低成本地把航空货物以较快的方式运送到目的地，整个业务过程注重的是生产计划制定的合理性和科学性、货物运输流程管理的优化。由于货运舱位的有限，而希望得到满足的客户众多，所以来自客户的个性化需求往往会被忽视。传统航空货运服务也缺乏直接面对客户的环节，主要依靠航空代理服务于市场，服务于客户，这无疑阻碍了航空货运企业与客户之间的交流，使企业很难了解客户的真实需求。然而，随着经济全球化与信息技术的大量应用，航空运输企业逐渐认识到"以货物为中心"的服务模式已开始使企业丧失竞争力，它们必须以客户为中心，才能设计出符合客户需求的产品，提高客户满意度，赢得客户的忠诚，提高产品的附加值。

随后，"以客户为中心"的航空货运服务链管理模式应运而生。为满足客户的需求而产生的一系列作业要求将航空货运服务链中的多个企业紧密地联系在一起。没有来自客户的需求，服务链中的各个企业就没有了服务的对象，服务链也就无从谈起，因此，航空货运服务链必然是以客户的需求为中心，直接面向客户来构建的，是一个典型的客户需求驱动式服务链。

在航空货运服务链中，整个服务活动是从对客户需求的了解和预测开始的，通过对客户需求、客户价值的分析，实现以客户需求为导向。由客户的需求来驱动的整个服务流程，在充分、合理地满足客户需求的基础上，实现客户价值的最大化，让客户满意，提高客户的忠诚度，维持一个较高的客户保持率，从而能够稳固有效地占有市场。

（二）服务的周期

传统航空企业通过货物代理公司以间接形式与真正的客户发生业务联系，通过短期或是一次性的接触，为货物的拥有者提供从机场到机场的一次性空中运输服务。

航空货运服务链则力图提供一种长期的具有契约性质的综合物流服务，能够根据客户的不同要求，为客户量身订制个性化的方案，价格也会有所不同，注重的是服务链的整体运作效益。它的利润基础是与客户的一体化，通过与客户共同努力降低成本，最终达到"双赢"的目的。

（三）提供服务的企业之间的关系

在传统航空货运管理模式下，各参与服务企业之间只是从自身的利益出发，考虑自身服务效益的最大化。航空货运公司之间处于相互竞争的状态，彼此互不能容。航空货运企业与代理公司之间也存在着博弈，货运淡季时传统航空货运企业往往容易受制于代理公司，货运旺季时航空货运企业也时不时地出台一些对代理公司比较苛刻的销售政策。

航空货运服务链则要求航空货运公司以服务网络建设与扩展为核心，以同质的较高水平服务为标准，在共赢的基础上与其他航空货运企业或地面运输企业建立合作关系。

航空货运服务链的管理将企业之间的竞争转化为服务链之间的博弈。处在航空货运服务核心位置的航空货运企业要想在激烈的竞争中取胜，必须要真正做到以服务客户的思想来对待服务链中的其他企业，积极主动地和这些企业建立长期的，相对稳定的关系，原有服务链上的企业由企业的博弈对立发展到企业经营的共生。航空货运企业不能只是简单地降低运输价格，而是要通过提高运输效率、优化服务流程、综合服务环节、控制运输成本等全方位的服务，充分考虑服务链的整体效益，为服务链中的各个企业实现公平的共享利益。

同时，也应该尽可能地在服务链的各企业中引入竞争机制，通过定期地对这些企业进行质量跟踪与考核，建立优胜劣汰的淘汰机制与补充机制。

第二节　航空货运服务链的管理

航空货运服务链管理是人们在认识和掌握了航空货运服务各环节的内在规律和相互联系的基础上，利用管理的计划、组织、指挥、协调和激励职能，对服务过程中各环节所涉及的物流、信息流、资金流以及业务流进行的合理调控，以期达到最佳组合，发挥最高效率，迅速以最小的成本为客户提供最大的附加值。服务链管理是在现代科技促使产品极其丰富的条件下发展起来的管理理念，它涉及各种企业及企业管理的方方面面，是一种跨行业的管理，企业间作为相互提供服务的伙伴，为追求共同经济利益的最大化而共同努力。

一、价值创造与共享

航空货运服务链的管理就是基于最终客户的需求，通过合理地分配资源和采用多种手段对航空货运服务链中各个环节涉及的货物移动、单据生成、保管责任转移等活动进行合理优化，希望以最小的成本为客户提供方便、快捷、安全的服务。

航空货运服务链管理强调的是价值的整体创造与分享。航空货运服务链还是一条价值链，通过价值链识别，增加附加值大的过程比重，或减少价值链中附加值小的过程比重，以此达到增大整体附加值的目的。

航空货运服务链可以通过提供优质的产品和满意的服务，积极塑造企业的服务品牌，利用电子商务平台帮助服务链按照顾客的要求，开展各种各样的新物流服务，提高现代航空物流系统中运输、保管、搬运、包装、流通加工等作业的效率，降低成本，提高航空货运服务链的总价值。

对最终客户而言，为其提供价值的不是某一个单独的企业，而是由众多企业有机组成的一个价值链。因此，他们选择服务供应商时，重点考虑的是服务链的总成本。对于处于服务链中的企业来说，其产品或服务必须通过服务链的其他环节才能实现其价值，所以服务链中的各企业应该在遵循服务链统一的服务标准的基础上，充分考虑联合作业成本的最小化，消除服务链中的由于企业间的效益背反性所带来的不利影响，确保服务链效益的最大化。然后，根据市场的总体需求状况，考虑服务过程中的固定成本、变动成本，确定服务价格、服务标准与利益分配机制。

服务链的效益分配机制是保证服务链中各企业长期协同作业和服务链运营管理良性循环的关键因素。如果不能保证效益在服务链的企业间得到公平的分配，那么服务链中的某些企业可能由此破坏原有的服务原则，提高服务链整体的服务作业成本，降低服务链的整体效益，损害客户的利益，降低客户对服务链产品或服务的满意度。

二、航空货运服务链管理的内容

航空货运服务链管理以最终客户需求为管理起点，通过获取最终客户的需求信息，与服务链内各企业的服务提供能力进行匹配，对外确定服务的计划，对内确定作业计划，借助先进的信息管理系统，实现空中运输、地面处理、地面运输及仓储管理的最优化。航空货运服务链管理包括服务计划、运输、仓储、货站、配送管理等在内的一系列的管理活动，实现服务链的信息流、作业流与决策统一的一体化管理。

（一）需求管理

在航空货运服务链管理中，需求管理是整个服务链管理的基础。需求管理过程包括了解需求、获取需求和保证需求，具体内容有需求预测、客户订单输入、销售确认与合同承诺、销售分析、市场客户需求及内部服务资源需求等。

1. 了解需求

航空货运服务链管理需要根据客户对货物需求情况的不同，有针对性地提供适宜的物流方案。有些货物对时间要求紧迫，则以快递方式运输，但也有的并不急需运达，而是希望花钱最少，则可以普通货物的方式运输。

了解需求不仅要了解掌握各个地区市场与客户特征及变化趋势，从而发展新的客户、开拓新的市场或增加市场份额、创造需求、寻求新的增长点，也要了解服务链内部的需求。对内部需求，服务链需要实时地掌握自身产品或服务的销售动态，了解自身产品或服务的质量，及时调整产品或服务的销售策略。

2. 获取需求

在激烈的竞争中，了解需求并不等于能够获取需求，得到客户的服务合同。在这一过程中，服务方案的优劣和反应速度的快慢，都会对客户的取舍决策产生决定性的影响。为了能够获取客户的订单，服务链需要根据客户的需求，综合服务链中各企业的资源，对需求计划和服务链能力及资源进行模拟，寻求优化方案，落实相应的服务方案。同时，服务链需要有效地缩短客户服务时间，提高客户服务响应速度及应变能力，以最快的速度回答客户的询价。

3. 保证需求

在客户确认订单后，服务链必须保证按客户需求履行合同，保持较高的服务履约率是持续不断地获取更多需求订单的前提。航空货运服务链的管理必须按照客户的需求配置服务资源，高质量地满足客户的需求。

（二）服务计划

航空货运服务链服务计划包括两种类型：一种类型是服务链内部的作业计划；另一种类型是服务产品或方案的设计。服务计划是在对客户需求预测的基础上，推出有针对性的服务产品与方案，以适应客户需求的发展趋势。内部作业计划规定了服务链各作业环节的具体方案，明确了各个企业及员工的作业任务和他们的职责。服务产品或方案的设计是在对客户需求预测的基础上，结合服务链自身的资源情况及战略发展目标，推出有针对性的服务产品与方案，以适应客户需求的趋势。

（三）运输管理

货物运输是航空货运服务链的核心业务，运输管理的目的是实现货物的快速中转和服务的无缝链接，提高运输的效率。航空货运服务链包括空中运输和地面运输两种形式，它们的共性是都强调网络的覆盖能力与运输频率的密集度，都需要对需求展开分析，根据客户的需要分配运力，设计运输线路，满足客户的及时性、准确性、安全性及经济性的要求。

（四）货站仓储管理

在传统航空货运服务中，货站仓储管理是收益相对较高、较稳定的一个作业环节。这一特点在航空货运服务链中得到了进一步的体现。依托货站与仓储设施，航空货运服务链不仅可以完成货物的收运管理、安全检查、货物分拣、货物计重、货物暂存、货物包装、货物到达通知及货物装卸等一系列作业，实现货运服务中的集散功能，而且越来越多地承担着具有生产特性的加工业务，例如分拣、挑选、整理、加工、简单的装配、包装、加标签、备货等活动，使仓储过程与生产过程更有机地结合在一起，从而增加了货物的价值，为物流活动提供更多的服务项目。

（五）配送管理

、　　配送是运输过程的末端，对于整个运输网络的形成和完善起着重要的作用。传统航空货运服务的最大缺陷就是货物的可达性较差。在传统的业务流程中，货物经过飞行抵达目的地航空港就完成了航空货运服务的全部过程。收货人需要自行到机场或承运人的办事处提取货物，或者聘请代理公司提取货物并运送上门。航空货运服务链中的配送环节就是要消除航空货运的这种不可达性，实现"门到门"、"桌对桌"的服务。通过配送管理，航空货运服务链可以通过与客户的直接联系，根据他们的需求，完成"一站式"直达服务，以高质量的服务与客户建立良好的关系。航空货运服务链应根据不同客户的不同要求设计出最佳的配送线路，同时要运用系统的观点，协调好配送网络中心与各个节点的关系，使整体效能达到最优。

三、航空货运服务链的质量控制

航空货运服务链是由众多具有不同产业性质、企业文化、管理模式的企业所构成的，因此需要建立一套统一的服务标准体系与质量控制体系，以规范服务链中各企业的运营管理，为客户提供同质化的服务。各企业必须在遵循统一标准体系的基础上，根据自身的特点制定相应的服务与管理规范。

航空货运服务链的质量控制要对航空货运服务的流程加以分析，选择货物的收运、安全检查、运价计算、包装、搬运、装卸、到达通知及送货活动中影响客户满意度与作业质量的关键控制点，设定可测量的、具体的目标值，实施实时的监控与测量，并对测量值与目标值进行比较分析，寻找差异点。然后，结合服务链的内外部环境，对产生差异的流程或服务环节加以分析诊断，设计相应的改善措施，从而提高作业的速度与质量，改善客户满意度，实现航空货运服务流程的最优化及服务链价值的最大化。

航空货运服务链中各企业的管理基础与技术基础并不可能完全一致，需要大量的培训工作来实现服务链的整体标准化，需要通过对相对落后企业的技术与服务支持，提高它们的服务质量和水平，保证服务链水平的一致性。

四、航空货运服务链和信息管理

（一）航空货运服务链信息管理的作用

在现代物流中，信息流管理与货物流动管理具有同等重要的意义。没有先进可靠的信息技术，根本谈不上成功的物流服务。航空货运服务链也不例外。航空货运服务链的信息管理是航空货运企业利用现代信息技术改进其业务流程和组织结构，通过对信息资源的深入开发和广泛利用，不断地提高运营作业效率、提高经营管理与决策的准确性和时效性，进而提高企业的经济效益和企业竞争力。

信息技术的使用提高了整个服务链的管理基础，帮助服务链中各企业提高计划的准确性、生产作业的时效性，并且能够准确地衡量服务链经营结果，最终提高了服务链整体管理水平。通过信息管理，能够极大程度地整合服务链中的各种信息资源，加强服务链运营管理中的信息对称性，降低服务链决策中的不确定性和风险，提高基于数据的服务链运营决策能力和战略决策的准确性，促进企业决策能力、整体管理水平的提高及组织结构的优化。

通过实现全面的信息管理，服务链可以从整体效益出发，进行准确的成本核算和作业成本效益分析，从而有效地降低企业的生产运营管理成本和提高企业运营管理的效率，实现服务链作业价值最大化。

航空货运服务链信息管理的更高一层的目标应该是促进服务链伙伴间的知识交换。由于服务链上作为核心企业的机场货站或航空公司更容易掌握新知识和新技术，因此，要及时将新知识和新技术传授给链上其他成员，使服务链上的企业共同进步，提高系统的整体创新能力。

（二）航空货运服务链信息管理系统

航空货运服务链应该充分运用各种现代信息技术，建立起一个基于服务链整体的统一信息平台——航空货运服务链信息管理系统，通过信息管理系统帮助航空货运服务链中的各企业加强与生产企业、客户以及联盟伙伴的联系，降低物流运营成本，提高物流管理效率,为客户提供高效、准时、灵活、周到的信息增值服务。服务链信息系统的管理不仅仅是数据、资料、报表的简单组合和传递,而且是一个分析、筛选、加工的全新过程,是一个门类齐全的、具有职能特性的信息网。通过这个信息网能及时掌握服务链运行的状态。

航空货运服务链信息管理系统是一个多层次、多功能的计算机网络系统,航空货运服务链的各个企业、客户、业务主管部门和其他业务相关部门能够通过国际互联网与之进行信息的交换。航空货运服务链信息管理系统不仅要能够完成数据的汇集处理,而且需要运用信息技术提供知识和智能,把需要的信息放在恰当的位置,在恰当的时间提供给合适的使用对象,准确满足企业与客户的需求,提高服务链的运营效率。信息管理系统能够进行手工操作无法胜任的繁杂的信息处理,及时、准确地提供有关服务链的各类动态信息资源,提供管理信息和决策信息。服务链信息管理系统的质量直接影响到服务链运行的效益。

对于服务链的客户而言,航空货运服务链信息管理系统是服务链与客户之间沟通和交流的窗口。客户的一切需求都通过这个信息管理窗口来提出,服务链中各企业对客户需求的响应也通过这个窗口来传达,航空货运服务链信息管理系统帮助服务链实现更为广泛的网络覆盖、面向公众和代理人的市场营销、网上订舱、网上跟踪查询、客户管理、代理制单、公布报价、及时的货物收运与派送、快速准确的货物处理、高速度的货物分拣与配备、航班运营管理、货运基地管理、快速的客户响应、个性化的大客户服务、透明化的服务链信息公布、多等级舱位的划分、货运的收益管理、卡车航班和车队调度管理等功能。

更为重要的是,信息化管理还要求服务链中各企业的管理基础与技术基础具有一定的一致性。对服务链中的企业而言,航空货运服务链信息管理系统是运营管理的平台与中枢,通过这个信息管理系统,各企业能够构建一个统一的服务平台。只有在建立统一的信息平台的基础上,服务链中的各企业才可能融为一体,设计统一的服务产品与服务标准,设计统一的服务与产品宣传渠道与销售渠道,从而增强航空货运服务链的竞争优势与竞争能力。

(三)航空货运服务链信息管理系统的建设

航空货运服务链信息管理系统需要及时、准确地完成航空货运服务信息传递与处理、适应业务运作和客户服务的要求。航空货运服务链应根据自身对信息及信息技术的要求以及自身的能力,决定信息系统建设的模式。信息系统开发的周期要短,费用要低,便于用户使用,其相应的软件应具有通用性、可移植性。在实施航空货运服务管理信息系统建设的初期,要进行详细的成本效益分析,从建设初期的投入、使用过程中的运行与维护费用等角度,充分考虑信息管理的新增成本,从信息设备的实用性与经济性两个方面,加强对这些设备的采购管理,在充分考虑设备的实用性的基础上追求最低的采购成本,保证信息管理实施过程中的成本节约。在信息系统试运行一段时间后,根据现场要求与变化,对系统做一些必要的修改,进一步完善系统。

在航空货运服务链实施信息管理过程中，一定的信息技术外包是不可避免的。通过外包，服务链能够以较低的成本获得所需要的服务，而且这些成本很容易预测和控制，避免了随着业务的扩展而出现成本激增的现象。外包日常操作性的信息服务能够使服务链内部的信息技术部门集中精力于那些真正能够为企业创造价值的活动和应用方面，使服务链具备应对快速变化的外部环境所必需的灵活性，同时也可以使服务链中的企业能够在竞争激烈的市场环境中将精力集中于自身的核心竞争力上。信息技术的外包使服务链能够将已经或即将过时的技术转嫁给以此获利的信息技术服务商，获得较为先进的技术和技能，实现服务链的信息技术和功能向更高层次的过渡。

信息管理系统建设过程中还应该对航空货运服务链信息管理系统的稳定性给予充分的重视。管理系统的稳定性是航空货运服务质量保证的重要因素。信息管理系统一旦由于某种原因出现异常，将在很大程度上影响航空货运服务链的运行质量，对航空货运服务链中的企业及客户造成极大的负面影响。

第三节 航空货运服务链的资源整合和网络扩张

一、航空货运服务链的资源整合

航空货运服务链资源整合，就是要把航空货运服务置身于社会化物流服务链当中，整合航空货运自身资源，以及航空货运与其他物流业务之间的资源，实现航空货运服务链的综合延伸，并积极地创造条件成为服务链的主导者。

从航空货运业务的角度看，航空货运服务链的资源主要涉及客机腹舱资源、货机资源、航空货站资源、地面运输资源，以及航空货运舱位销售、产品设计等资源。航空货运服务链资源整合就是要通过各种手段，实现这些资源之间的有效配合，提高整个航空货运服务链的运营效率和效益。

（一）航空货运的运力资源整合

航空货物运输的运力资源包括全货机与客机腹舱。从单一飞机的运输能力上看，全货机的载重质量、货舱容积都远远大于客机腹舱，但是在航空货运服务中，完全的依赖全货机机队的运营获利是较为艰难的。其中一个重要的原因就是航空货运班机的班期频率远远比不上客机的班期频率。也就是说，全货机的时效性较差。为了兼得这两者的优势，航空货运企业纷纷采取将全货机与客机腹舱资源整合在一起的运营方式。这种整合，一方面扩大了货运服务的网络，另一方面，增加了同一航线上的航班密度，从而大大增强了航空货运企业服务的竞争能力与服务质量。

（二）空中运输与地面运输资源的整合

地面运输是航空货物运输的补充，是扩大航空货物运输的必要手段，航空货运的不可达性只有通过地面运输才能很好地得到弥补。空中运输与地面运输资源整合可以实现货物的快速集中与分散，延伸其航空货运服务链，拓展服务网络，加大航空货运市场的销售力度，弥补航线网络不足。

（三）航空货运市场营销资源的整合

传统航空货运企业市场营销的方法主要采取由航空货运代理公司分销与包销的办法，航空货运企业直接销售的总量不到货运总量的20%。航空货运代理公司对货运市场有很深的了解，但对航班和机场地面服务缺乏控制。航空货运公司则拥有货运飞机和客机腹舱的货运经营权，能够为快递物流业务的开展提供充分的运力保障。航空货运企业与代理之间应该是相互协作的、互利的"捆绑"伙伴关系，双方在发展战略目标上统一，在业务上互相支持，共同发展。

二、航空货运服务链的网络扩张

在美国大力推动"天空开放"后，航空货运市场竞争无国界和企业相互结盟的趋势越来越明显，市场竞争已由个别企业之间的竞争转变为供应链和企业联盟间的竞争。面对日趋激烈的市场竞争环境，航空货运服务链越来越清楚地认识到，网络资源覆盖范围的大小与完整性，是直接制约服务链竞争能力的关键因素。航空货运服务链的网络扩张的方式包括：

（一）购买式扩张

购买式扩张有两种方式：一是一个企业通过购买另一个企业的股权，实现对其资源与管理的控制，实现网络扩张的目的；二是合作的双方或多方通过各自资本或资源的注入，成立一个拥有独立的资产、人事和管理权限的新企业。购买式扩张的实质是通过并购重组的形式来实现服务链网络的扩张。

（二）契约式扩张

契约式扩张是航空货运服务链上的主导企业，通过建立一个系列的管理与服务标准，利用自己的资源优势，根据战略发展的需要，在自己不擅长的市场或服务薄弱的市场，选择具有一定竞争实力的企业，通过签订相应的协议，实现服务链的延伸与网络的扩张。通过契约建立起来的服务链结构比较松散，强调相关企业的协调与默契，合作的双方或多方一般都处于平等和相互依赖的地位，相对保持经营上的独立性，扩张成本比较低。

案例导入

英航的餐饮供应链

英国航空餐饮公司是英航客户服务部门的一部分，世界各地共有250家供应商为它提供1400种物品，每年负责运送由基地设在伦敦希思罗和盖特威克机场的第三方餐饮承办商或其他分布在世界各地的150家由第三方运营的小型BA供应站提供的4400万件食物。上述物品绝大多数是通过希思罗配送中心来发送。

经调查，希思罗配送中心持有的缓冲库存

的价值约为 1500 万英镑。在小型供应中心的网络中心也普遍保持相当数量的缓冲库存（总价值约为 1500 万英镑）。物品可以自由地从配送中心调到供应基地，但由于缺少对库存管理的核算责任，导致了习惯性的存货过剩，反过来产生了大量的逆回物流活动。

餐饮承办商持有缓冲库存可以预防不可靠的供给系统的波动，较长的运送提前期帮助他们实现了降低成本的良好初衷。但是，较长的运送提前期并没有考虑到更大范围的供应链效益。例如为使向海外基地供应的运送成本最小化，BA 利用了 BA 货机的剩余能力，如果有可能的话，费用很优惠。这就意味着运送的时间安排是以货机的可用性为依据，而不是以顾客为依据。类似地，把配送中心活动外包使得以成本为中心的经营者通过餐饮承办合同卸下存货包袱，从而降低了自身的库存成本。但是综合地考虑一下这些问题，配送中心上游的劣质采购会造成进场运送的不及时和不合格。

为逐步改善 BA 餐饮公司的绩效，在短期内提高运作效率，为根本性的改革铺平道路，英国航空餐饮公司需要重新调整服务与成本之间的不平衡状态，缩短供应链的时间并提高经营伙伴之间的协作水平。在短期调整计划中，提前期的缩短成为起始点。通过提高运送的额度、准确性和可靠度，餐饮承办商被说服同意降低缓冲库存。在三个月之内，在服务水平提高的同时，由于使用了过剩的库存而使配送中心下游的需求减少，从而节省了 100 万英镑。这一做法的成功，同时也说明了不必以牺牲服务水平为代价来获取成本的降低。

BA 餐饮公司新的支持系统开始于 1997 年安装、采用的 ESS 系统。ESS 系统中的 BA 餐饮公司供应链计划软件和 BA 的生产管理与乘客俱乐部数据库，使得航空公司能够平衡服务与成本的力量。通过把关键的供应商集成进系统，并依照乘客薄通盘检测库存水平，BA 餐饮公司就能够随时将它的存货调整到最佳水平，并能按照终端点站、航班和最终顾客来跟踪存货。随着系统进一步扩展到所有的非食用物品，BA 餐饮公司还能提高对独立顾客偏好的反应能力，完善顾客服务的机会。也许，乘客俱乐部"金卡"会员会在旅途中收到一杯他所喜爱的酒或者一本特别的杂志。重要的是，这个系统使 BA 能够准确地计算出提供这种或其他服务的真实成本。

思考与练习

1. 你怎样认识航空货运服务链？你认为航空货运服务链的最大特点是什么？
2. 如果让你来设计一个航空货运服务方案，你将从哪些方面来进行设计？
3. 在航空货运服务链管理中，你如何理解"航空货运服务链的资源整合和网络扩张"？

第六章　不正常运输及索赔

教学目的
1. 学习确定货物不正常运输的各种情况；
2. 掌握航空货运国际、国内各类相关法律法规及运输条件；
3. 熟悉承运人的责任、权利和义务；熟悉托运人和收货人的责任、权利和义务；
4. 了解货物的索赔和赔付程序；
5. 掌握变更运输的不同处理方法，能进行简单的费用结算；
6. 了解货物的索赔程序；
7. 掌握赔偿的法律依据、责任的分析判断。

案例导入

　　某公司主要销售华硕主板、华硕显卡、联想电脑等IT产品，客户群体主要是广东省、云南省的中小企业。2007年9月7日，该公司委托当地一家物流公司。办理往广州客户发送联想电脑3套（7件），48公斤（没有投保上保险）并提供送货上门的服务。此货当天就交中国国际航空公司，配载9月8号国航CA1301航班，起飞时间为15：35，落地时间为18：40，该物流公司代理广州金大去广州机场提货时发现一件液晶显示器外包装破损，内部液晶显示器显示屏破裂。广州机场签发了有效《运输事故签证》，此货没有做保险运输，根据《中华人民共和国航空法》最高货物赔偿标准20元/公斤，此货物重量为4公斤，最高赔付80元……

　　货物的不正常运输是指货物在运输过程中由于工作的差错或运输事故等原因而造成的不正常情况。包括：卸货、拉货、漏装或少装货、漏卸货、贴错标签货物、标签脱落、少收货物、多收货物、无货运单、无货物、货物破损等。一旦发生不正常运输情况，航站及承运人应当立即查询，认真调查并及时采取相应措施，妥善处理，将双方损失减少到最低，然后再协商处理相关事宜。

第一节　货物的不正常运输

一、漏装货物
（一）含义
漏装货物是指货物始发站在班机起飞后并未将罗列在邮舱单上货物装机并运输，而航空货运单已随飞机被带走。
（二）处理
发现货物漏装时，航站及承运人应该立即通知货物目的地航站和中转站，将漏装货物的数量、重量、货运单号码、始发站与目的站等情况告知，并尽可能告知续运的航班与日期，方便目的站进行沟通协调和补救工作。若漏装货物为国际运输货物，则应当通知当地海关作相应的处理。

货物始发站发现货物漏装时，首先检查货运单和货邮舱单是否转交。若货运单与货邮舱单尚未转交财务部门或外航代表，应立即做相应更改，反之，应立即通知相关部门进行更改。

另外，由原承运人使用航班运送漏装货物，并随货附上漏装货物货运单副本及相关电文复印件，将漏装货物逐一列在续运航班的货邮舱单上。若决定改变运输路线，则应要求原卸机站将原货物转给改变路线后的货物卸机站或目的地。

二、漏卸货物

（一）含义

漏卸货物是指按照货邮舱单进行卸机时应卸下的货物没有卸下。

（二）处理

发现漏卸货物时，漏卸站应该立即向有关站发电查询，各相关站应及时查找，协助补救，并复电将查找结果反馈漏卸站。收到漏卸货物的航站应该立即电告漏卸站，同时将漏卸货物运至目的站或退回漏卸站。若漏卸货物为国际运输货物，则应当通知当地海关作相应的处理。

漏卸货物如附有原始货运单，货运单应该连同货物一起转运。如果没有原始货运单，国际运输应该立即通知漏卸站传真货物单，用该货运单副本转运；国内运输应填写开货运代单，予以转运。转运漏卸货物应随附相关电文复印件，并将该漏卸货物显示在转运航班货邮舱单上。

三、多收货物

（一）含义

多收货物是指在装卸的过程中，由于工作人员的疏忽大意等原因造成在到达站多收货物。

（二）处理

对于多收货物，如该货物附有货运单或标签的，则根据货运单号码、数量及重量等信息向前方各装卸站询问处理方法；若多收货物未附货运单或标签，则需要根据多收货物的数量、重量、大小尺寸、外包装类型及标记等信息向前方各装卸站询问处理方法，直至收到始发站或其他站对该货物的处理指示后，按照指示进行办理。若经详细查询后无回音，则按无法交付的货物处理。若多收的货物为国际运输货物，则应当通知当地海关作相应的处理。

四、少收货物

（一）含义

少收货物是指在装卸的过程中，由于工作人员的疏忽大意等原因造成在到达站短收货物。

（二）处理

到达站发现短收货物后，应立即拍发电报通知前方站货物少收，在进港货邮舱单上注明并随附相关电文复印件，收存少收货物的货运单，待货物运达后处理。若少收货物为国际运输货物，则应当通知当地海关作相应的处理。

五、中途拉卸

（一）含义

中途拉卸是指货物在到达经停站时，因特殊情况卸下过境货物。

（二）处理

中途拉卸应事先征求始发站货运部门的同意后方可进行。对于有时效性和已订妥航班的货物，严格禁止中途拉卸，例如邮件、行李、贵重物品、动物、骨灰、易腐货物、报刊、外交信函、新闻电视影片等。中途拉卸应通知被拉卸的货物目的站或经停站具体拉卸情况，并在相应货邮舱单上注明有关拉卸情况和拉卸站，被拉卸货物的货运单留在拉卸站。

同时，尽快安排将被拉卸的货物运至目的站。运输时要在货邮单上显示被拉卸货物并附上相关电文复印件。若中途拉卸的货物为国际运输货物，则应当通知当地海关作相应的处理。

六、货物破损

（一）含义

主要分为两种情况，货物破损与货物内损。货物破损是指货物的外部或内部变形，因而使货物的价值可能或已经遭受损失，如破裂、损坏或短缺等。货物内损是指货物包装完好而内装货物受损，只有收货人提取后或交海关时才能发现。

（二）处理

1. 收运时：承运方拒绝收运。

2. 出港操作时：出现外部包装破损但内部货物未损坏时，可以加固包装，继续运输；出现严重破损时内部货物已经损坏的，应停止运输，通知发货人或始发站，征求处理意见。

3. 进港操作时：目的站填开运输记录，拍发电报通知装机站和始发站。

4. 间接中转货物时：货物轻微破损，交接方应在 TRM 的备注栏内说明破损情况；货物严重破损，交接方拒绝转运。发现货物破损时，应立即通知有关站，及时填制"运输事故签证"表，并由相关人员签字。

七、货物标签出错

（一）含义

货物标签出错是指托运人将货物的标签贴错或挂错，导致货物上的标签与航空货运单、货邮舱单上所注明的内容不相符合。

（二）处理

发现货物的标签贴错或挂错的情况，应该立即电告始发站。中途站收到始发站的通知，则马上根据通知进行更正。

八、无货运单

（一）含义

无货运单是指到达站只收到货物而未收到航空货运单。

（二）处理

发生无货运单时，到达站应该立即向始发站和航班经停站查询，要求尽快补运或传真货运单。货物始发站应全力配合，及时进行查找，若未能找到原始货单，应通知到达站货运单已丢失，用货运单副本代替正本完成后续工作，并且尽快补运货运单副本和有关文件。联运货物可根据始发站的通知，用货运单副本将货物转运至有关航站，在转运时应该保留一份货运单副本备查。

九、无货物

（一）含义

无货物是指到达站只收到航空货运单而未收到货物。

（二）处理

到达站应该立即向始发站和航班经停站查询，同时将货运单妥善保存，等待货物运达。若将货运单寄错，应根据要求将货运单及相关电文复印件寄往或退回有关航站。

十、货物错卸

（一）含义

货物错卸是指经停站由于工作人员疏忽将货物卸货地点弄错，导致货物未能在托运人要求的地点正常卸货。

（二）处理

发现货物错卸，应立即电告货物运输目的站或经停站并抄发始发站。对于需特殊处理的货物，错卸站应采取相应措施加以保管，保护货物的安全。若错卸的货物为国际运输货物，则应当通知当地海关作相应的处理。

十一、丢失货物或邮件

（一）含义

丢失货物或邮件是指货邮单上所列货物并没有运达到达站。

（二）处理

发现丢失货物的航站应立即仔细核对有关运输文件，如货邮单，分析丢失货物的原因并仔细查找货物存放地，向有关航站发电查询，若查找无果则填写"运输事故记录"表。

装机站在收到查询通告后，应立即认真查找货物，核对运输文件，清点仓库，检查货物是否已装机，并将调查结果在 24 小时内电告货物丢失站。

十二、货物与名称不符

（一）含义

货物与名称不符是指货物的实际名称与运输凭证上填写的货物名称不相符合。

（二）处理

因发货人错报甚至伪报货物名称，给承运人、乘机旅客、行李邮件及其他类货物造成的损失，由托运人负完全责任，并根据情节的轻重，在必要时可交由公安或有关部门处理。分以下两种情况进行处理：

1. 错报

贵重物品的名称不符的，补收运费差价。

2. 伪报

（1）有意伪报物品名称的，出发站和中途站都可以停止发运，通知托运人取回货物，已收运费不退；另外，到达站和中途站还应该按照实际已运送航段另外核收运费，在收取收费人补交的费用后方可交付货物。

（2）如托运人仍要求空运，应当重新办理托运手续，确保货物与名称一致。

（3）伪报所造成的损失，其赔偿问题应根据具体情况酌情处理。

（4）伪报夹带政府禁运或限运物品的，各航站应该立即向有关部门报告并征求处理意见协助处理。

十三、丢失货邮舱单

（一）含义

丢失货邮舱单是指在装卸和运输过程中将货邮舱单丢失。

（二）处理

丢失货邮舱单时，应通知装机站要求尽快补寄，卸机站在收到补寄的货邮单后应核对实际到站的货邮数量，若出现错误尽快处理。

十四、无人提取的货物

（一）含义

无人提取的货物是指货物到达目的地后，由于一些原因影响正常提货，造成无人提取。包括：货运单所列地址无此收货人或收货人地址不详；收货人对提取货物通知不予答复；收货人拒绝提货；收货人拒绝支付有关款项；出现其他一些影响正常提货的问题。

（二）处理

第一，由于上述任一原因所造成的货物无法交付，除货运单上列明的处理办法外，目的地应采取下列措施：

填列无法交付货物通知单通知始发站；

特殊情况可用电报通知始发站，但随后应填列无法交付货物通知单寄交始发站。

第二，在收到托运人对货物的处理意见后，作如下业务处理：

将货物变卖；

改变收货人；

变更目的地；

与当地海关及航空公司联系，按当地有关法令、规定将货物毁弃；

与当地海关及航空公司联系，按当地有关法令、规定将货物变卖；

将货物运费由预付改为到付；

如果托运人有其他要求，可按具体情况处理，并将处理结果在货运单的"交付收据"联上作详细记录。

第三，在托运人未提出处理办法时，无法交付货物，按航空公司规定，填开"无人提取货物通知单"，再作相应处理。

小资料

货物非正常运输的飞行事件

2008年2月6日东航云南B737/2956号机执行南京—昆明加班航班，因南京机场地面代理工作失误，导致1.5吨货物漏装，后通过空管通知机组修改飞机载量数据后，在昆明机场正常着陆。

2008年2月11日东航云南分公司767—300/2568号机执行成都—昆明航班，飞机落地后公司货运部发现该航班有945公斤货物未在舱单中体现，该货物为昆明—成都航班的货物因漏卸。

2008年2月5日东航山西分公司B737/2682号机执行温州—香港航班，飞机正常起飞后，温州现场通知货物装载有问题，机组经请示后返回检查，发现二舱货物（272KG）和三舱货物（525KG）装错位置，地面人员重新修正舱单，航班延误1小时。

试一试

一票从上海运往泰国的整套流水线机器，货运单号777—89783442，由于机器比较庞大，用了6个箱子，每件重量60公斤，整套机器的价值USD 6000，无声明价值，在终点站接货时，发现1个箱子开裂，经检验，这个箱子的机器已经完全受损，其他5个箱子完好。

请问：属于不正常运输的哪一种情况？责任出在哪一方？此事应如何处理？

第二节　变更运输

托运人在货物发运前后，可以对货运单上除声明价值和保险金额外的其他各项做变动，例如发运前退运，中途停运，运回原处，变更到达站或变更收货人等，或因承运人在承运货物后，由于机场关闭，航班中断，天气原因，政府行为原因等致使货物不能正常运至目的地，征得发货人同意作某种变更，都属于货物运输变更。无论何种原因，何种情况，运输变更后的运费统一由始发站向托运人结算，有关站在办妥运输变更手续后，应通知始发站，以便结算，并完善相应手续。

变更运输通常又分为自愿变更运输和非自愿变更运输。

一、自愿变更运输

（一）定义

自愿变更运输是指托运人，或者由于托运人原因致使承运人改变运输的部分或者全部内容。自货物托运后至收货人提取前，托运人在履行货物运输合同所规定的义务的条件下，可以对货物行使变更运输的权利。

（二）原则及注意事项

自愿变更运输只能在原办理货物托运手续的地点进行办理。托运人提出变更运输时，应当出具航空货运单托运单的托运人联、书面变更要求和个人有效身份证件以及其他相关证明文件。而且，自愿变更运输不应当损害承运人或者承运人对之负责的其他人的利益，也不能违反海关等政府有关部门的规定。对于上述损害，托运人应当承担责任，保证负担由此而产生的一切费用。

始发站在接受托运人变更运输要求时，应注意两点：第一，托运人不得要求将货运单上列的部分货物变更运输，也不得要求将整批货物进行分批变更，托运人在行使变更运输权利时仅适用于货物运输合同中列明的全部货物。第二，不得由于托运人要求运输而损害承运人或其他托运人的利益，如不能满足托运人的要求时应及时通知托运人。

（三）类别及处理方式

托运人有权对航空货运单上所列全部货物做出如下运输变更：在运输的始发站将货物撤回、在任何经停站停止货物运输、更改收货人、要求将货物运回始发站机场、变更目的站、从中途或目的站退运。

1. 始发站退运

托运人在始发站退运货物，托运人应当自行办理政府主管部门规定的手续，承运人检查无误后办理货物退运。承运人向托运人收回货运单正本，填开退款单，扣除已经产生的各项费用，如货物声明价值附加费、地面运输费、退运手续费、保管费等，将余款连同退款单的托运人联一并交与托运人。托运人在航空货运上签字后提取货物。

2. 经停站停运

托运人要求在经停站停运货物，承运人应当收取实际使用航段的航空运费和已经发生的其他费用，差额多退少补。如货物绕道运输，已使用航段的运费超过已收货物的运费，则不再退费。经停站在货运单上注明"中途停运"字样和具体停运日期，按照承运人的要求对货物进行处理，将货物退回始发站、变更目的站或者在经停站将货物交付给收货人，并将处理情况通知始发站。

3. 更改收货人

托运人在始发站要求变更收货人的，在航空货运单上将原收货人画去，在旁边空白处书写变更后的收货人名称，并在修改处加盖公章。托运人在货物发运后要求变更收货人的，将新的收货人姓名和地址等情况通知目的站，目的站应当根据承运人的要求在航空货运单上进行更改，按照新的收货人办理货物交付手续。

4. 变更目的站

在始发站托运人要求变更货物目的站，应当向托运人收回货运单托运人一联，将原货运单各联作废，按退运手续处理，免收手续费；按变更后的到达站重新办理货物托运手续，按照变更后的目的站填制新的航空货运单，托运人自行办理政府主管部门的手续。

货物发运后托运人要求变更目的站，承运人应当收取实际使用航段的航空运费和已经发生的其他费用，并重新计算货物所在航站至新的目的站的航空运费，差额多退少补。货物原中途站或到达站根据始发站的通知在货运单上注明"根据××站函、电要求变更至××站"的字样及执行日期和改运地点等，将变更后的货运单随货物运送至变更后的到达站。

5. 中途或目的站退运

托运人要求将货物退回始发站，货物所在航站应当将货物回程航空运费、保管费以及变更运输后产生的费用通知承运人，得到承运人对上述费用的确信后，重新填开航空货运单，其中的回程航空运费以及保管费等费用到付，重新粘贴货物标签，将货退回始发站。中途站或到达站根据始发站的通知在货运单上注明"根据××站函、电要求退回始发站"的字样及执行期等。退运站使用新货运单退运，须将原货运单号码注明在"结算注意事项"栏，货物退运产生的费用填写在"到付"栏内。退运站将原货运单留存，重新填制货运单，将原货运单其中联和始发站的变更通知联同重新填制的货运单托运人联、财务联一起交财务部门。由中途站将货物退回始发站时未使用航段的运费退还托运人。到达站向托运人结算费用时，应将新货运单收货人联交托运人。退回始发站的货物一般由原承运人运输。

想一想、议一议

一票从北京运往伦敦的机器配件，在巴黎中转，货运单号 333—66873442，共 4 件，每件 25 公斤，当在巴黎中转时，由于临时出现问题，发货人向航空公司提出停止运输，且返回北京。

请问：发货人的请求能得到航空公司的准许吗？为什么？返回的机器配件的运费由谁来支付？

分析

根据《华沙公约》中"托运人在履行运输合同所规定的一切义务的条件下，有权在始发地航空站或目的地航空站将货物退回，或在途中经停时中止运输，或在目的地或运输途中交给非航空运货单上所指定的收货人，或要求将货物退回始发地航空站，但不得因行使这种权利而使承运人或其他托运人遭受损失，并应偿付由此产生的一切费用"，发货人的请求应该得到航空公司的许可，产生的费用由托运人承担。

二、非自愿变更运输

（一）定义

由于不可抗力、政府行为或者承运人原因产生的货物变更运输称为非自愿变更运输。发生非自愿变更运输时，承运人应当及时通知托运人或者收货人，商定处理办法。

非自愿变更运输的原因包括：天气原因、飞机机械故障、机场关闭、货物禁运等；因货物积压或者超出航班运载能力，短期内无法按照指定路线、指定承运人或者指定运输方式运至目的站；航班取消、机型调整等。

（二）处理方式

1. 内容

非自愿变更运输的内容包括：变更航线、航班、日期；变更承运人；变更运输方式、始发站退运、经停站停运；退回始发站；变更目的站。

2. 变更权利人

当货物还在填开货运单的承运人监管之下时，制单承运人、第一承运人有权变更运输。当货物需要在中途变更时，航空货运单上指定段的承运人有权对该航段变更运输。航空货运单上续程航段无指定承运人时，持有货物和航空货运单的承运人有权变更运输。

3. 费用

非自愿变更运输的货物费用按以下规定办理：因变更运输路线，货物运至目的站所产生的费用差额，由承运人承担；如托运人要求将货物续运至原目的站时，运费多退少补，杂费不退；托运人在始发站退运货物的，退还全部货物运费，免收退运手续费；在经停站停运货物的，退还未使用航段的货物运费，并按规定办理货物交付手续；在经停站将货物退回始发站的，使用原航空货运单免费将货物退回始发站，航空运费退还托运人，其他杂费不退；变更货物目的站的，退还未使用航段的航空运费，其他杂费不退，另核收自货物所在航站至新的目的站的货物运费。

变更的运费结算，举例如下：

北京东方汽车制造厂在北京民航售票处托运汽车零件一木箱 10 公斤，收货人为南充东风汽车修理厂，货运单上列明航空运费 22.80 元，地面运输费 1.00 元，共计 23.80 元（2.28 元×10＝22.8 元，0.05 元×10＝1.00 元）。

假设在收运后，发生以下各种运输变更情况：

（1）发货人要求退运，当时货在北京机场。

（2）发货人要求将货物在重庆停运，改由重庆交电公司收，当时货在重庆。已使用航段的航空运费和地面运输为（1.88 元＋0.10 元）×10＝19.80 元。

（3）发货人提出退运，但货已运到重庆不能受理，发货人要求将货物运回原处。

（4）按变更情况计算航空运费为：

（1.88 元＋1.88 元）×10＝37.60 元

地面运输费为 0.10 元×10＝1.00 元

合计：38.60 元

应向发货人补收运费：38.60 元－23.80 元＝14.80 元

（5）发货人发现货物内件装错，申请退运，当时货已运到南充售票处，收货人尚未提取，发货人要求将货物运回北京。

按变更情况，应计收运回的费用及地面运输费共 23.80 元。

（6）在货物发运前，发货人要求将货物改运至达县，由解放汽车修理厂收，退还原收的运费 23.80 元。

按新的运到地点重新计收运费：

航空运费：2.42 元×10＝24.20 元

地面运输费：0.10 元×10＝1.00 元

共计：25.20 元

应向发货人补收：1.40 元

（7）发货人要求将货物改运至西昌，由胜利汽车修理厂收，当时货已运至重庆。

按变更情况计算航空运费：

（1.88 元＋0.42 元＋0.60 元）×10＝29.00 元

地面运输费：0.10 元×10＝1.00 元

共计：30.00 元

应向发货人补收：6.20 元

（8）货物运到北京机场后，因南充机场关闭，征得发货人同意退运。

此项退运为民航原因，已收运费 23.80 元，全部退还，不收退运手续费，地面运输费也免计。

（9）货物运到重庆后，因南充机场关闭，征得发货人意见，将货物停运，改交重庆交电公司收取。

由于民航原因而货物中途停运，应退还未使用航段的运费：4.00 元。

（10）货物运到重庆后，因南充机场关闭，征得发货人意见，将货物运回北京退给发货人。

由于民航原因而货物运回原出发站，应退已收的运费 23.80 元，并免费运回。

（11）货物运到重庆后，因南充机场关闭，征得发货人意见，将货物改运至西昌，由胜利汽车修理厂收。

退还未使用航段重庆至南充的航空运费 4.00 元，另计收重庆至西昌的航空运费（0.42 元 + 0.30 元）×10 = 7.20 元，实际补收运费 7.20 - 4.00 元 = 3.20 元。

（12）货物运到重庆后，因南充机场关闭，征得发货人的同意转交邮局运往南充。

未使用航段重庆至南充的航空运费为 4.00 元，重庆民航售票处将此件货物交邮局转运，支付交费：0.60×10 + 1.00 元 = 7.00 元，超过未使用航段的航空运费 3.00 元，由民航负担。

三、运费更改

在货物运输过程中，由于托运人的原因或由于承运人工作差错，需要更改运费的具体数额或运费的付款方式时，应在发现后及时采取措施予以更改，同时更改托运人留存的货运单。

当托运人在办完托运手续后，要求改变运费的付款方式，即将运费由预付改为到付，或由到付改为预付的，分为以下几种情况处理：

如果货物尚未发运，应重新填开货运单，并分别视情况退回运费或补收运费；

如货物已发运，则根据货运单上填列的各承运人及航班日期，发电通知指定的承运人和目的站，要求在货运单上作相应的更改，并要求复电证实；

对于货物没有事先预订吨位，货运单上没有注明各承运人及航班日期的，则可直接电告货物目的站有关部门，要求在货运单上作相应的更改，并要求复电证实；

当货物已被收货人提取时，则应将情况告知托运人，不予办理更改手续；

对于因为承运人工作过失而造成运费多收或少收或错列付款方式时，也应发电通知有关承运人和货物目的站有关部门，要求在货运单上作相应的更改，并要求复电证实。

总之，无论何种原因造成的差错，除应及时发电通知有关承运人和货物目的站有关部门要求更正并复电证实外，还必须填制《货物运费更改通知书》一式若干份送沿途相关部门，包括在货物目的站交付货物的空运企业和始发站的财务部门，同时应留存一份备查。

第三节　航空货运责任与赔偿

一、承运人的责任和免责条件

（一）货物毁灭、遗失或者损坏

承运人从货物收运时起，到交付时止，承担安全运输的责任。由于发生在航空运输期间的事件造成货物毁灭、遗失或者损坏的，承运人应当承担责任。

1. 基本概念

货物毁灭包括货物在物理状态上的灭失，也包括货物本身性质全部或部分改变，并且发生毁灭的货物已经无法修复或因修复费用高于实际价值而失去修复的意义。对于托运人和收货人而言，这样的货物因失去应有的使用价值，而使他们遭受损失。

货物损坏主要是指货物的数量或质量发生某种变化。尽管经过修复，这些货物可以全部或者部分恢复其使用价值，但仍然对托运人或收货人造成了一定程度的损失。

货物遗失主要包括以下两种情况：第一，承运人向托运人或收货人承认所运输的货物已经遗失。第二，货物在应当到达目的地之日起 7 日内仍然未能到达。对此，收货人可以推定为货物遗失。货物遗失可能是全部遗失，也可能只是部分遗失。总之，承运人不能实现对货物的全部交付。货物遗失并不表示货物已经失去其应有的使用价值，并且，遗失的货物在某些时候可能会被找到。由于对货物遗失的结果存在着不确定性，并由于货物运输合同所规定的，有关收货人或者托运人提出异议的时间限制以及诉讼时效期间的限制，承运人有义务在规定的时间内，对这些货物作出已经遗失的确定，并告知收货人或托运人，以便收货人或托运人在法律规定的期限内，行使其索赔或诉讼的权利。

对于上述在航空运输期间发生的货物损失，承运人应当承担责任，托运人或收货人有向承运人进行索赔的权利。

2. 认定的责任期间

承运人对货物毁灭、遗失和损坏所承担责任的时间为航空运输期间。航空运输期间是指在机场内、民用航空器上或机场外降落的任何地点，托运人的货物处于承运人掌管之下的全部时间。所谓掌管，并不表示对货物的占有权，只是为了便于承运人履行货物运输合同，货物暂时处于承运人的控制之下，承运人因此而承担安全运输的责任。

承运人在始发站机场内接收货物，在目的站机场内交付货物，所以货物在机场内的时间属于航空运输时间。但是，托运人托运货物之前在机场内停留的时间以及收货人提取货物之后在机场内停留的时间并不属于航空运输期间。因为尽管货物处于机场内这一范围，但是由于货物并未处于承运人的掌管之下，所以即使货物在这一特定区域内发生损失，承运人也不承担责任。

通常情况下，航空运输期间不应当包括机场外的任何陆路运输、海上运输以及内河运输过程，因为这些运输过程本来就不属于航空运输，也就不适用于承运人对航空货物运输损失所承担的责任。即使就多种联运方式的运输而言，承运人所承担的关于货物毁灭、遗失和损坏的责任也仅适用其中的航空运输部分。如果此种陆路运输、海上运输、内河运输是为了履行航空货物运输合同而实施的，在没有相反证据的情况下，所发生的损失视为在航空运输期间发生的损失。

当然，如果承运人有充足的证据证明货物的毁灭、遗失或者损坏并非发生在陆路运输、海上运输和内河运输过程之中，则此种推定就不成立。

3. 免责条件

如果承运人证明货物的毁灭、遗失或者损坏完全是由下列原因之一所造成的，则不承担责任。

（1）货物本身的质量问题或缺陷。

由于货物本身的自然属性、质量，或者货物本身具有缺陷、瑕疵，造成了货物的损失，这种损失与航空运输无关，货物无论是否运输，或者以何种方式运输都会由于时间的延续而产生损失，所以对于此种货物损失，承运人不承担责任。

（2）货物包装不良。

托运人应当保证使用适当的方式包装货物，使货物可以在正常操作下安全运输。托运人可以请求承运人或者承运人的受雇人、代理人代为包装货物，也可以自己或者请求承运人及受雇人、代理人以外的人代为包装货物。对于后者，如果因货物包装不良造成货物损失，其责任应当由托运人承担，承运人不承担责任。

（3）不可抗力。

关于责任制度的确定，目的在于保护货物运输合同双方的合法权益，补救遭受损害一方的损失，并教育和约束货物运输合同当事人的行为，防止违法行为的发生。所以，要求当事人对主观上无法预见、无法控制和无法避免的事件所造成的损失承担责任，是不能达到确定责任制度的目的，也是不公平的。因此，对于不可抗力造成的货物损失，承运人不承担责任。必须强调的是，在发生不可抗力的情况下，影响到承运人对货物运输合同全部不能履行、部分不能履行或者需要延期履行，应当根据实际情况进行分析判断。承运人因不可抗力，不能履行货物运输合同时，应当及时向托运人通知全部不能履行、部分不能履行或者需要延期履行的情况和原因，以便托运人及时采取措施减少或者消除损失。承运人不及时通知托运人，则应当承担由此造成的损失。同时，对于不可抗力，承运人必须承担举证责任。

小知识

不可抗力因素包括：战争或者武装冲突和政府有关部门实施的与货物入境、出境或者过境有关的行为。由此造成的货物毁灭、遗失或者损坏，不是由于承运人的过错所导致的，这也是承运人所不能预见、无法控制、无法避免的。所以，承运人不承担责任。

只有当货物的毁灭、遗失或者损坏完全是由于上述免责条件之一所造成时，承运人才不承担责任。如果货物的毁灭、遗失或者损坏是由于上述原因以及承运人的责任共同造成或者促成的，则承运人仍然应当承担相应的责任。此外，在货物运输过程中，经过承运人证明，货物的毁灭、遗失或者损坏是由托运人或者收货人及其代行权利人的过错造成或者促成的，应当根据造成或者促成此种损失的程度，相应免除或减轻承运人的责任。

（二）货物延误运输

对于货物延误运输所造成的损失，承运人也应当承担责任。《中华人民共和国民用航空法》规定：货物在航空运输中因延误造成的损失，承运人应当承担责任。《华沙公约》也规定：承运人对货物在航空运输期间，因延误而产生的损失应当承担责任。

1. 定义

货物运输合同的当事人必须严格按照运输合同的各项条款的规定全面履行自己的义务，货物运输时间经过特别约定并在运输合同上注明的，承运人应当按照约定的时间运输，如果货物未能按照运输合同中约定的时间运抵目的地，应当认为货物延误运输。在货物运输过程中，航空货运单载明的承运人与托运人双方约定的运输货物的航班和日期，应当认为是货物到达的时间，承运人不能按照该时间将货物运抵目的地，应当认为是货物延误运输。如果货物运输时间没有在航空货运单上载明，承运人应当在合理的时间内运输。

2. 免责条件

（1）延误运输未造成实际损失。

对于承运人来说，只有在延误运输造成损失时才承担责任。货物延误运输，可能造成损失，也可能没有造成损失，如果货物延误运输但是没有造成损失，承运人就不承担责任。对此，需要托运人或者收货人举证自己遭受了损失，并且这种损失与货物延误运输之间有必然的联系。在货物运输过程中，经过承运人证明，货物延误运输的损失是由于托运人或者收货人及其代行权利人的过错造成或者促成的，应当根据造成或者促成此种损失的程度，相应免除或者减轻承运人的责任。

（2）承运人正在或已经补救。

对于货物延误运输造成的损失，承运人证明本人或者其受雇人、代理人为了避免损失的发生，已经采取了一切必要措施或者不可能采取此种措施的，不承担责任。在这里，承运人必须举证自己为了避免损失的发生，已经采取了一切必要措施，例如航班由于机械原因发生延误，承运人将货物安排在后面的最近的航班上运输，对于此种货物延误运输，承运人不承担责任。如果航班由于天气原因发生延误，承运人将货物安排在次日最早的航班上运输，对于此种延误运输，承运人不承担责任，因为承运人不可能在当日将货物运输到目的地。

（3）不可抗力。

承运人收运货物后，由于无法控制或者无法预见的原因，可以不经通知而取消、终止、改变、推迟、延误或者提前航班飞行，或者继续航班飞行而不运载货物或者运载部分货物。在这种情况下，往往会造成货物延误运输，但是除法律另有规定外，承运人对由此造成的货物延误运输不承担责任。

（4）优先运输安排。

根据适用的国家法律、法规，承运人可以在货物之间、货物和邮件或者旅客之间做出优先运输的安排；承运人也可以在任何时间、地点从一批货物中卸下部分货物后继续航班飞行。因为优先运输导致其他货物未被运输或者推迟、延误运输或者部分货物被卸下，承运人对由此造成的后果不承担责任。当然，承运人做出优先运输的安排，应当考虑托运人的实际利益，并对未及时运输的货物做出合理的运输安排。

二、航空货运索赔

在航空货物运输过程中，主要是两种运输范围的问题：国际运输和国内运输。在航空国际货运中，索赔的主要法律依据是华法体制中的《华沙公约》和《海牙议定书》；在国内货物运输中，主要是《中华人民共和国民用航空法》和《中国民用航空货物国内运输规则》。

（一）索赔人

1. 范围

索赔人应是货运单上所列明的托运人或收货人，持有货运单上托运人或收货人签署的权益转让书的人员，托运人、收货人是指主货运单上填写的托运人或收货人，如果收货人在到达站已将货物提取，则托运人将无权索赔。如果托运人要求索赔，应持有收货人出具的权益转让书等证明。

2. 权利

根据货物运输合同，作为合同签订的一方，当货物在运输过程中发生毁灭、遗失、损坏或者延误时，托运人有权对第一承运人提起诉讼，或对发生货物毁灭、遗失、损坏或者延误的运输区段的承运人提起诉讼。

承运人承认货物已经遗失，或者货物在应当到达之日起，7 日后仍然没有到达，收货人有权向承运人行使货物运输合同所赋予的权利。在这种情况下，收货人所行使的权利包括：向承运人索赔的权利和要求承运人履行货物运输合同的权利。对在运输过程中造成的损失，收货人有权要求承运人给予赔偿，有权向承运人提起诉讼。货物在运输过程中造成的毁灭、遗失、损坏或者延误，收货人有权对最后承运人提起诉讼，有权对发生货物毁灭、遗失、损坏或者延误的运输区段的承运人提起诉讼。

（二）索赔所需文件

1. 正式索赔函

一式两份，收货人/发货人向代理公司、代理公司向航空公司。

2. 货运单正本或副本

收货人签字的，注明货物交付时实际状态的航空货运单及有关联。货物交付时，由收货人在航空货单上注明。

3. 索赔人提供资料

货物商业发票、装箱清单、检疫证明、货物损失价值及状况和其他必要资料。

4. 货邮舱单

货邮舱单是证明货物使用具体承运人的航班和具体运输时间的直接证据。

5. 货物中转舱单

货物中转舱单是判明货物损失和延误运输责任的重要依据，是证明货物使用具体承运人的航班，也是承运人之间交接货物的直接证据。

6. 货物运输事故签证

货物损失的客观详细情况，详细记录货物交付时的实际状态。

7. 商检证明

货物损害后由商检等中介机构所作的鉴定报告。

8. 来往电传

对于货物不正常运输，承运人与承运人之间。承运人与地面服务代理人之间通常使用电函进行联系。查询信函是处理货物赔偿的重要依据。

9. 货物存储记录表

货物自收运至交付的全过程中，需要在仓库内进行存储，货物损失可能发生在存储过程中，货物存储记录是证明货物损失的重要依据。

（三）赔偿规定

1. 赔偿责任的确定

根据货物运输合同和有关法律、法规，以及所收集到的有关文件，确定各个相关承运人是否应当对索赔人提出的损失承担责任。承运人确定索赔人的索赔要求不符合条件或者承运人不应当承担责任的，必须以书面形式回复索赔人，并详细说明其要求不符合索赔条件，或者承运人不应当承担责任的原因，以及所依据的法律法规或者货物运输合同的有关条款。承运人还应当将此情况通知所有相关承运人。对索赔人提出的赔偿要求，应当在规定期限内作出答复，该期限通常在承运人的运输文件中正式公布。

由几个连续承运人根据一份航空货运单进行的运输被视为一个单一运输过程。在由多个承运人共同承担的货物运输中，每一个承运人就其根据货物运输合同承担的运输区段作为运输合同的订约一方。在运输过程中发生损失后，索赔人可以凭交付货物时提出的书面异议向第一承运人或者最后承运人提出索赔要求。第一承运人或者最后承运人收到索赔要求后，应当及时向相关承运人通报情况，并确定赔偿处理人处理该索赔案。可以确定造成货物损失的责任承运人的，则处理该索赔案发生的所有费用由责任承运人承担。不能确定造成货物损失的责任承运人的，处理该索赔发生的所有费用按照与货物运输收入分享的相同比例由相关承运人共同承担。

2. 赔偿额

承运人确定应当对索赔人提出的损失承担责任的，还应当确定赔偿额。投保航空运输险的货物，在运输过程中发生损失的，由保险公司按照有关规定赔偿。

（1）国内货物运输。

如果托运人未办理货物声明价值，承运人负担的最高赔偿限额为每千克20元人民币；如果承运人能够证实货物的实际损失低于每千克20元人民币的，按照货物的实际损失赔偿。如果托运人办理了货物声明价值，并支付了货物声明价值附加费的，其货物声明价值为承运人的赔偿限额；如果承运人能够证明货物声明价值高于货物的实际损失的，按照货物的实际损失赔偿。另外，由于承运人的原因货物超过约定或规定期限运出，每延误一天的赔偿额不超过该票货物实付运费的5%，但赔偿总额以全部运输为限。

（2）国际货物运输。

如果托运人未办理货物声明价值，承运人负担的最高赔偿限额为每千克20美元；如果承运人能够证实货物的实际损失低于每千克20美元的，按照货物的实际损失赔偿。如果托运人办理了货物声明价值，并支付了货物声明价值附加费的，其货物声明价值为承运人的赔偿限额；如果承运人能够证明货物声明价值高于货物的实际损失的，按照货物的实际损失赔偿。

托运货物的一部分或货物中的任何物件毁灭、遗失、损坏或延误的，用以确定承运人赔偿责任限额的重量，仅为该一包件或数包件的总重量；但是，因货物的一部分或货物中的任何物件的毁灭、遗失、损坏或延误，影响同一份航空货运单所列其他包件的价值的，确定承运人的赔偿责任限额时，此种包件的总重量也应当考虑在内。

确定赔偿额后，应当通知索赔人办理赔偿手续。如果不能全额赔偿的，应当向索赔人书面说明原因及其依据，支付完赔偿款后，索赔人应当签署赔偿责任解除书。

（3）索赔的地点和时限。

托运人、收货人或其代理人在货物的始发站、目的站、发生损失事故的经停站，以书面形式向有关承运人或其货运代理公司提出索赔要求。货物运输到达目的站，如果收货人对货物产生异议，必须在规定的时限内以书面的形式向承运人提出异议。

托运货物发生的损失，属于明显可见的，其赔偿要求应从发现时起立即提出并最迟延至收到货物之日起14天内提出。托运货物发生其他损坏的，其赔偿要求最迟应当自收到货物之日起14天内提出。托运货物发生运输延误，其赔偿要求最迟在货物由收货人支配之日起21天内提出。承运人承认货物已经遗失，或者货物在应当到达之日起7日后仍未到达的，收货人有权自航空货运单填开之日起120天内向承运人提出索赔要求。

任何异议，均按上述规定期限，向承运人以书面形式提出。除承运人有欺诈行为外，如果收货人或托运人在规定时限内没有提出异议，将丧失对承运人诉讼的权利。

小提示

对于提出索赔的货物，其货运单的法律有效期为两年。

想一想、议一议

一票货物使用飞机进行运输，从新加坡途经北京中转天津，运输的是机器设备，货运单号444—89453247，三件货物共重178公斤，计费重量为206公斤，从新加坡运往北京采用的是飞机运输，从北京转运至天津时，采用卡车运输，在高速公路上不幸发生车祸，设备全部损坏。

请问：航空公司是否应该赔偿？你的理由是什么？若赔偿，具体的金额为多少？

分析

该批货物属于国际运输，根据《华沙公约》第18页中的第一款，"对于交运的行李或货物因毁灭、遗失或损坏而产生的损失，如果造成这种损失的事故发生在航空运输期间，承运人应该负责"，由此可知，只要是货物还在承运人的保管期间内，货物的毁灭、遗失或损坏由此造成的托运人或收货人的损失都由承运人承担。

由此，航空公司应该赔偿。具体金额为：
USD20×178＝USD3560

思考与练习

一、简答题

1. 什么叫自愿变更和非自愿变更？自愿变更的内容有哪些？

2. 托运人在什么情况下可以提出变更要求？怎样提出变更要求？

二、计算题

一票货6件毛重200公斤，体积50cm×60cm×60cm×6，原要求上海运往巴西圣保罗，货物运出后托运人要求将货物改运到巴西里约热内卢，承运人接受变更要求时货物已经到达美国纽约，计算运费变更。

运价：SHA—SAO CNY78.63
　　　SHA—RIO CNY78.63
　　　SHA—NYC CNY61.23
　　　NYC—RIO USD5.21
　　　BANK EXCHANGE RATE：1USD＝7.76536CNY

三、案例题

请依据以下案情，分析并作出判决。

原告：上海振华港口机械有限公司

被告：美国联合包裹运送服务公司（简称UPS公司）

原告上海振华港口机械有限公司因与被告美国联合包裹运送服务公司发生国际航空物资运输合同标书快递延误赔偿纠纷，向上海市静安区人民法院提起诉讼。

原告上海振华港口机械有限公司（以下简称振华有限公司）诉称：原告为参与也门共和国港务局岸边集装箱起重件投标业务，于1993年7月21日上午委托被告办理标书快递，要求其于当月25日前将标书投递到指定地点，被告表示可以如期送达。但是，因被告经办人的疏忽，致使标书在沪滞留两天，延迟到同月27日下午才到达指定地点，超过了26日投标截止日期，使原告失去投标机会，蒙受较大经济损失及可能得到的利润。请求法院判令被告退还所收运费人民币1432元，赔偿直接经济损失10360美元，承担诉讼费用。

法院经审理查明：原告振华有限公司于1993年7月20日上午电话通知被告UPS公司揽货员，表明7月21日需快递一份文件到也门共和国参加投标。当日下午，被告交给原告一份UPS公司运单，让原告填写。该运单背面印有"华沙公约及其修改议定书完全适用于本运单"和"托运人同意本运单背面条款，并委托UPS公司为出口和清关代理"等字样。7月21日上午，被告到原告处提取托运物标书，并在UPS公司收件代表签字处签名，表示认可。被告收到原告标书后，未在当天将标书送往上海虹桥机场报关。直至7月23日晚，被告才办完标书的出境手续。该标书7月27日到达目的地。原告得知标书未在投票截止日至7月26日前到达目的地后，于7月27日致函被告，要求查清此事并予答复。被告回函承认UPS公司在该标书处理上犯有未严格按收件时间收件（截止时间为16时，而原告标书到被告上海浦东办事处是16时45分）、未仔细检查运单上的货品性质、未问清客户有否限时送到的额外要求三点错误，并表示遗憾。

参考文献

1. 陈志群. 物流与配送. 北京：高等教育出版社，2006.

2. 傅锡原. 现代物流学概论. 北京：科学出版社，2007.

3. 曾剑. 现代物流学基础. 北京：电子工业出版社，2004.

4. 万久灏. 民航运输服务. 校本教材. 1998.

5. 中国民航总局官方网站，http://www.caac.gov.net

6. 民航上海中等专业学校网站，http://www.svscaac.com

7. 景平主编. 国际货运代理. 北京：中国物资出版社. 2007.

8. 梁心琴，张立华主编. 空港物流规划与运作实务. 北京：中国物资出版社，2008.